99% 정치

국립중앙도서관 출판시도서목록(CIP)

99% 정치 / 이택광 지음. -- 서울 : 마티, 2012
p.184 ; 144×225mm.

ISBN 978-89-92053-54-9 03300 : ₩12000

정치(권력)[政治]

340.4-KDC5
320.02-DDC21
CIP2012000344

삶을 복원하는 방식

이택광 지음

마티

차례

	006	프롤로그

이슈에 반응하기

018	쥐벽서 사건
021	노벨문학상, G20, 천안함
024	연평도 포격사건
027	군기강에 대해
030	구제역 살처분과 호모 사케르
033	이집트 사태와 소말리아 해적
035	상하이 스캔들
038	북한의 권력세습
041	인문학 부흥?
044	인터넷 여론
047	다른 삶이 필요하다
050	김진숙과 희망버스
061	안철수 신드롬
064	곽노현을 둘러싼 논란, 진실은 무엇이었나
067	반값 등록금
072	아름다운 교육을 반대하는 참신한 논리
074	김규항-진중권 논쟁
077	SNS 민주주의

문화에서 정치를 읽다

082   소셜테이너

085   한국 정치는 예능이다

088   남자의 자격

091   도가니 현상

094   사라지는 생활의 달인

097   연예인의 탈세

100   윤리를 대체하는 스펙터클

104   나가수와 4.27보궐선거

108   서태지, 또는 사생활의 정치

111   신정아와 한국 정치

115   애정남의 해학

118   '자연산' 발언

121   강용석

124   지킬 것 없는 이상한 보수주의

127   인터넷의 명암

정치, 감각을 깨다

132   쥐에 대하여

135   상식에 열광하는 사회

138   민간인 사찰

141   현대자동차 노조의 조직이기주의

144   정치인은 없고 인기인만 있다

147 공정한 사회?

151 박근혜 대세론

154 오세훈과 박근혜

159 복지국가에 대한 혐오

163 두 보수주의의 위기

166 '정치인' 문재인

169 '새로운' 정치인은
     어떻게 가능한가?

172 국회 난투극

175 낯선 정치의 귀환

180 에필로그

183 정치의 근원을 이해하기 위해
     읽어볼 만한 철학책들

프롤로그

책 제목 '99% 정치'는 두 갈래로 뜻풀이를 할 수 있다. 하나는 정치는 100%일 수 없다는 뜻이고, 다른 하나는 1%보다 99%를 위한 정치라는 뜻이다. 물론 둘 모두를 합쳐서, 99%를 위한 정치는 99% 정치를 통해 충족시킬 수 없는 1%에 대한 정치라는 의미로 확장해도 무방하겠다.

모든 정치는 불완전하다. 그 이유는 바로 정치라는 규정으로 수렴할 수 없는 1%가 존재하기 때문이다. 이것을 거창하게 정치적인 것이라고 부를 수 있을 것이다. 이 책은 이렇듯 정치를 통해 드러나지 않는, 미처 정치가 되지 못한 정치적인 것을 복원하기 위한 부족한 노력이다.

2012년은 명실상부한 정치의 계절이다. 총선과 대선이라는 중요한 선택의 순간이 포진해 있기 때문이다. 물론 이 정치의 의미는 보는 입장에 따라 다를 수밖에 없다. 어떤 이에게 정치는 말 그대로 선거에서 특정인이 당선되거나 특정세력이 집권하는 것일 테지만, 또 다른 이에게 정치라는 것은 선거나 집권으로 수렴할 수 없는 상황일 수도 있다.

집권을 중요하게 생각하는 이들에게 정치는 주권을 통해 사회 구성원들에게 자유를 부여하는 것이겠지만, 주권을 소유하면 스스로 자유로워질 수 있다고 생각하는 이들에게 정치는 오히려 주권과 시민의 자유를 분리시키는 과정이 될 것이다. 물론 나는 정치를 둘 모두를 포괄하는 행위라고 보지만, 사실 한국에서 이런 고민은 너무도 사치스럽다. 여전히 '적전분열'을 비난하면서 오로지 집권만이 정의의 실현이라고 주장하는 목소리가 드높기 때문이다. 진보나 좌파가 자기 자신의 목소리를 내는 것만으로도 지나친 비난을 받아야 하는 사회를 그렇게 정치적이라고 말하기 어려우리라.

정치는 사회 구성원의 이해관계를 재현하는 체계이면서 동시에 그 체계를 통해 재현되지 않는 '사물들'조차도 자기주장을 펼칠 수 있는 상황이기도 하다. 이렇게 모든 주장을 들어줄 수 있는 공론의 공간이야말로 정치적인 것을 위한 필수조건이다. 정치는 본질적으로 입을 여는 행위이기 때문이다. 이런 까닭에 정치적 상황을 만들어내기 위해 필요한 것이 바로 자유로운 대화의 공간일 것이고, 여기에 대한 합의가 이를테면 우리가 그토록 이야기하는 민주주의 제도일 것이다.

물론 민주주의는 제도의 문제만은 아니다. 민주주의는 제도의 제약을 넘어서 각자 자기의 주권을 주장하는 그 순간에 발생한다. 따라서 중요한 것은 그 주장을 들을 수 있는 자유로운 공간의 확보이다. 그래서 많은 정치철학자들이 자유의 권리 중에서도 '파레시아'(pharresia), 다시 말해서 표현의 자유를 중요하게 생각했던 것이다.

2012년 한국에 절실한 모습은 파레시아가 존중 받는 상황이다. 박정희 체제를 통해 근대화를 달성한 경험에서 확인하듯이, 우리에게 자유는 낯선 용어이자 동시에 나쁜 어떤 것이기도 했다. 진보와 보수를 막론하고 자유의 가치는 배척받거나 경멸당했다. 한때 유행했던 '된장녀'라는 비아냥거림도 뉴욕문화가 상징하는 자유주의를 짝퉁으로 따라한다는 의미였다는 사실을 떠올려 보자.

자유나 자유주의는 한국사회에서 무의식적으로 금지어로 등록되어 있었던 셈이다. 진보를 자처하는 이들 사이에서 '자유주의자'라는 용어가 욕설처럼 사용되는 것은 그렇다고 쳐도, 보수를 지지하는 이들조차 자유라는 말을 방종과 동일시하는 것은 진기한 현상임에 틀림없다. 자유주의 자체가 좋고 나쁜 판단의 기준을 만들어내는

이데올로기일 수 있겠지만, 현실적으로 자유주의가 옹호하는
'개인의 자유'라는 범주는 근대사회가 포기할 수 없는 중요한 정치적
목표이다.

알고 보면, 한국사회에서 진보와 보수 모두가 주장했던 정치적
기획은 일정하게 자유주의와 연관이 있다. 진보는 정상국가를,
보수는 선진국을 이상으로 설정했던 것이 지난 한국사회의
현실이었다면, 이런 이상이 보여주는 장밋빛 미래는 궁극적으로 서구
자유주의가 설정하는 가치를 구현하는 것이다.

한때 학계를 뜨겁게 달구었던 자유민주주의 논쟁에서 알 수 있듯이,
한국에서 자유주의는 여전히 반공이데올로기의 그늘을 벗어나지
못했다. 자유주의의 한계는 필연적으로 특정한 개인들만을 위한
자유를 보편적인 자유로 착각하게 만들 수 있다는 것이다. 이것을
'평등의 고원'이라고 부를 수 있다면, 자유민주주의는 이 고원을
민주주의의 원리에 따라 좀 더 확장하자는 이념이다.

그런데 안타깝게도 한국에서 이 이념은 민주주의에 반하는 논리를
만들어 내는 근거로 활용되는 어처구니없는 상황을 연출했다.
이명박 정부가 만들어 놓은 우경화 현상의 폐해가 이념논쟁을 통해
재연된 것이라 할 수 있는데, 앞으로 이런 황당한 상황이 더 이상
벌어지지 않는 정치적 생태계가 만들어져야 할 것이다. 민주주의를
진작하기 위해 필요한 것이 바로 표현의 자유를 확장하는 것임에
틀림없다.

이 책에 실린 정치칼럼들은 특정한 정파나 이념의 입장보다도
기본적으로 상식에 기대 있다. 여기에서 상식적이라는 것은 수준을
낮췄다는 뜻이 아니라, 나를 많이 감췄다는 의미이다. 말하자면, 이

책에서 나의 스탠스는 잘 보이지 않을 것이다. 내 스탠스를 알고자 한다면 내가 논의하는 이론적 지평들을 먼저 봐야 할 것이다. 이런 이중전략을 구사할 수밖에 없는 까닭은 한국사회가 절대적인 보수 지배국가라는 사실과 무관하지 않다.

한국은 자유주의적 가치조차도 '진보'로 받아들이는 곳이다. 이런 분위기에서 좌파적 지향을 이야기하는 목소리는 현실에서 처소를 발견하기 어렵다. 그러니 나의 문제의식을 이중전략으로 드러낼밖에. 한국에서 진보로 통하는 많은 주장들은 대체로 자유주의에 근거하고 있다. 중간계급의 보수주의가 진보의 역할을 해온 것이 민주화 이후 한국의 상황이다. 미국과 상당히 유사한 정치지형도라고 할 수 있다.

그럼으로, 미국처럼 한국에서도 정치적(또는 진보적) 자유주의라는 용어가 유럽식 사회민주주의라는 용어보다 훨씬 설득력을 가질 수 있을지도 모르겠다. 진보와 보수를 이야기하지만, 사실 좌파 중에 진보에 동의하는 이들도 있고 동의하지 않는 이들도 있다. 개념적으로 진보는 선형적 역사와 생산력의 발전을 중시하기 때문에 좌파는 진보일 수도 있고 아닐 수도 있다. 예를 들어서, 경제성장주의에 대해 긍정적이면 괴피이면서도 진보이겠지만, 이에 반대한다면 진보라고 규정하기 어렵다. 보수의 경우도 마찬가지다.

한국에서 경제성장주의에 반대하는 좌파를 발견하기란 쉽지 않다. 흔히들 편리하게 좌파와 우파로 정치 세력을 분류하려고 들지만, 한국에서 좌파는 한줌일 뿐이다. 우파는 좌파를 대등한 존재로 보고 싶겠지만, 현실은 절대적 비대칭이다. 이 비대칭성을 은폐하면서 우파는 좌파의 존재를 침소봉대하고 이를 통해 자신의 이해관계를 정당화하는 것이 한국의 합의민주주의라는 것이다. 좌파가 과격한 발언을 하면 할수록, 자신의 존재를 도드라지게 만들면 만들수록, 이런 '합의'의 정당성은 더욱 강해진다.

더불어 한반도의 상단을 점거한 '역사적 공산주의'이자 동시에 현실로서 존재하는 '사회주의 국가'의 존재는 '새로운' 좌파의 형성을 더욱 어렵게 만든다. 한국에서 좌파가 자신을 주장하려면, 끊임없이 눈앞에 현시하는 현실사회주의'국가'와 자기의 정체성을 구별해야 하는 딜레마가 발생하는 것이다. 따라서 현실사회주의 국가의 한계와 실패에 대한 비판은 한국 좌파의 형성에 필수적인 요소일 수밖에 없다. 이런 좌파를 우파는 '반북좌파'라고 명명하고 싶겠지만, 솔직히 말해서 이런 좌파는 '반북'이라기보다, 반자본주의의 연장선에서 현실사회주의의 문제점을 비판하는 입장이라고 보아야 한다.

지금 한국의 상황에서 좌파는 서식지를 갖지 못했다. 서식지를 갖지도 못해 생존도 버거운 좌파를 위해 필요한 것은 이견의 소통을 허락하는 정치생태계의 형성이다. 좌파라는 것은 공부한 머리로 '규정'해서 현시시킬 수 있는 집단이 아니다. 인터넷에서 펼쳐지는 이른바 좌파논쟁은, 대체로 관념 속에서 규정된 어떤 좌파의 상을 현실에 투영시키는 역전현상을 보여준다. 좌파의 현전성이 이런 관념적인 방식을 통해 달성될 것 같지는 않다.

좌파의 형성을 도울 수 있는 정치생태계는 부르주아 민주주의가 만들어 내는 공공영역의 확대와 일정하게 궤를 같이 한다. 따라서 시민사회의 입장에 발맞추어 부르주아에게 이런 공공영역의 확장을 요구하는 것은 실천공간을 상실한 좌파에게 중요한 일이다. 그러므로 좌파가 선거에 참여할 것인지 말 것인지 지루하게 논쟁하는 일은 의미 없다. 표현의 자유를 존중하는 자유주의 세력이 있다면 기꺼이

연대할 수 있는 포용력을 발휘할 필요가 있다.

현실을 비판하면서 개입하지 않는다면 좌파의 형성은 요원한 일일 것이다. 물론 과거처럼 '비판적 지지'나 '전략적 투표' 같은 기만에 더 이상 혹하지 않아야 한다. 정치생태계를 형성하기 위해 자기주장을 굽히지 않는 것이 말하자면 앞으로 선거 국면마다 좌파가 할 일이다. 이렇게 정치생태계를 만들기 위해 부르주아 민주주의에 개입한다는 것은 쾌락의 평등주의에 대한 시민사회의 요구가 임계점에 도달할 때, 좌파에 대한 요구가 발생한다는 사실과 무관하지 않다.

따라서 앞서 언급한 이중전략은 한국 좌파를 규정하는 근본적인 차원의 이야기이지 일시적이거나 임시적인 것, 더 나아가서 단계적인 방편이 아니다. "현실적으로 불가능한 것을 요구하는 것." 이런 이중전략이 새로운 좌파에게 필요한 정체성이다.

물론 이 책은 거창한 좌파적 상상력을 제시하기보다, 현실정치의 담론에 개입하는 방식을 소박하게 보여주고자 한다. 일종의 출발점을 보여주는 것이 목표이다. 다른 정치를 고민하는 이들이 어디에서 출발해야 할 것인지를 설정해 보고자 했다. 그 이외에 방향이나 목적지는 각자가 고민해 볼 일이다. 그에 내린 생각이 없는 것은 아니지만, 이 책의 범위를 벗어나는 일이기에 이어지는 기획에서 차차 풀어가고자 한다.

이 책은 많은 부분 《경향신문》과 《르몽드 디플로 마티크》 한국판에 빚지고 있다. 소중한 지면이 주어지지 않았다면 칼럼들은 태어나지 못했을 것이다. 대중성과 나의 글쓰기가 애초부터 관계없는 조합이긴 하지만, 이 칼럼들은 나름대로 이 문제를 고민하면서 써내려갔다는 사실을 밝혀둔다. 이 자리를 빌려서 관계자

여러분에게 감사드린다. 특히 김민아 논설위원과 여론독자부 김후남 기자와 안영춘 편집장에게 고마움을 전한다. 어려운 형편에도 거친 원고를 다듬어서 훌륭한 책으로 엮어준 도서출판 마티의 정희경 대표와 편집부원들이 없었다면, 이 책은 세상에 나오지 못했을 것이다. 언제나 부족한 나를 끊임없이 북돋워 주는 숱한 벗들에게 "하늘에서 별이 운행하듯, 그렇게 제 갈 길을 가라"는 오래된 메시지를 전한다.

2012. 01.10 저자 쓰다.

정치에서 침묵으로 빠지기는 쉽다

From politics, it was an easy step to silence.
Northanger Abbey (1818)

이슈에 반응하기

쥐벽서 사건

일명 '쥐벽서' 사건이라는 것이 있었다. 주요 20개국(G20) 정상회의 홍보포스터에 어떤 이가 쥐 형상을 그려 넣어서 풍자를 했는데, 이것이 검찰에 의해 재판에 넘겨진 사건이다. 이 사건은 경직된 검찰의 세계관을 보여주는 대표적인 사례이기도 했다.

한때 세상의 구설수에 올랐던 이 사건에 대한 공판에서 재판부는 쥐그림으로 G20 정상회의 포스터를 '훼손'한 대학강사 박정수 씨의 혐의를 일부 인정했다. 그런데 흥미로운 것은 재판부의 판결에 불복해서 재빨리 검찰이 유효시간 마감에 맞춰 항소를 했다는 사실이다. 물론 박정수 씨도 '무죄'를 입증하기 위해 항소할 뜻을 비쳤지만, 검찰의 발걸음이 더 빨랐던 것 같다. 이제 상황은 박정수 씨 말대로 '상상력과 권력'의 싸움으로 본격화할 모양이다.

그런데 이 사건을 이렇게 집요하게 물고 늘어지는 검찰의 의도가 궁금하지 않을 수 없다. 재판부의 선고문 내용에 따르면 박정수 씨는 "타인의 명예나 공중도덕을 침해할 경우 표현의 자유가 제한될 수 있다"는 혐의로 벌금형을 선고받았는데, 여기에서 '타인의 명예'는 아마도 문제의 쥐 형상으로 인해 명예가 손상되었다고 여기는 '어떤

분'일 테고, '공중도덕 침해'는 G20 홍보물이 더럽혀진 것을 보고 불쾌감을 느꼈을 법한 이들에게 피해를 끼쳤다는 뜻일 것이다.

보기에 따라 다르겠지만, 이런 재판부의 판결 내용은 최초에 쥐그림을 경찰에 신고한 그 '시민의식'을 반영한다는 점에서 여전히 만연해 있는 보수주의를 재차 확인하게 해주는 것이라고 할 수 있다. 그러므로 박정수 씨가 재판부의 판결에서 명시한 명예와 도덕을 지칭해서 도대체 '누구의 것'인지를 되묻기 위해 항소할 뜻을 내비친 것은 충분히 납득할 만한 일이다. 재판부라는 국가장치에 대해 개인이 불만을 제기하는 것이 바로 평등-자유라는 근대적 정언명령을 위해 헌신해야 하는 당연한 시민의 의무사항이기 때문이다.

그런데 개별 시민과 달리 국가의 위치에 있는 검찰이 이 판결문을 받아들이지 않는 것은 이해하기 어렵다는 의견이다. 검찰의 의도가 애초에 혐의를 걸었던 '공용물건손상죄'를 다시 주장하겠다는 것인지, 아니면 조직적으로 현 정부에 대항하기 위한 음모론을 입증하기 위한 것인지 알 수가 없다. 그러나 진실이 무엇이든, 결국 검찰이 쥐벽서 사건을 아주 심각한 사안으로 받아들이고 있다는 점은 분명해 보인다.

도대체 왜 이런 일이 벌어지는 걸까? 박정수 씨의 말처럼 상상력과 권력의 대결 정도로 거창한 명분거리라도 된다면 다행이겠다. 그런데 사정은 이보다 더 초라하고 궁해 보인다. 재판부에 제출된 검찰의 기소문에서 이 사건을 보는 관점의 일단을 확인한다면, 이런 생각은 더욱 짙어진다. 검찰은 이 사건을 현 정부에 대한 '조직적 저항'으로 파악하고 대수롭지 않게 넘어갈 수도 있는 해프닝을 심각하게 받아들이고 있는 것인지도 모른다.

무엇보다도 쥐벽서 사건을 둘러싼 검찰의 대응은, 경직된 이념의

도서관에 갇힌 채 변화무쌍하게 움직이는 다양한 세계를 파악하지 못하는 눈먼 호르헤 수사를 떠올리게 만든다. 움베르토 에코의 소설《장미의 이름》에서 웃음이 신앙을 손상시킬 것이라고 믿고 아리스토텔레스의《희극론》에 독약을 묻혀둔 이가 호르헤 수사이다. 웃고 넘겨야 할 일에 자꾸 근엄한 훈계를 늘어놓는다는 것이 무엇을 의미하겠는가? 할 일이 없든지, 여유가 없든지, 둘중 하나일 게다. 어느 쪽이든 자랑할 일은 아니다.

노벨문학상, G20, 천안함

2011년 주요 20개국(G20) 회의를 치르면서 정부는 홍보에 열을 올렸다. 한국이 이런 세계적 회의를 의장국 자격으로 주최함으로써 국제적인 위상을 높일 수 있게 되었다는 투이다. 솔직히 한국에 대한 세계의 시선이 어떻게 바뀌었는지 모르겠지만, 그렇지 않아도 공사판이었던 서울 시내 곳곳이 더 심란하게 파헤쳐지고, 심한 교통체증을 겪었던 것은 확실하다.

앞으로 새롭게 재편될 세계체제에서 한국이 주도적 역할을 하겠다는데 '국민'의 한 사람으로서 반대할 이유는 없을 것이다. 그러나 행사 진행에 급급해서 정신이 없는 것인지, 한국이 어떻게 그런 역할을 수행할 수 있을지에 대한 논의나 전망은 눈에 띄지 않는다. 실제로 한국이 2008년 금융위기 이후에 국제정세의 변화에서 의미 있는 역할을 담당할 수 있는 역량을 과연 갖추고 있는지 의문이 든다. 여전히 한국은 미국 중심의 세계질서에 충직한 '푸들' 같은 느낌이 아닌지 반성해 볼 필요가 있다. 정부나 정치인에게만 해당사항이 있는 것이 아니라 시민사회나 지식인 집단도 생각해 봐야 할 사안이다. 얼마전 관심을 끌었던 노벨문학상을 사례로 문제점을 한번 짚어보자.

고은 시인이 거듭 수상 기회를 놓치는 것도 '역량 부족'의 문제와 무관하지 않다. 일각에서 냉소적 시선이 없는 것은 아니지만, 노벨문학상은 단순하게 특정 개인의 문학에 대한 예술적 평가만을 의미하지 않는다. 지금까지 역대 수상 과정을 살펴보면 알 수 있듯이, 이 상은 문학적 성취 못지않게 정치적인 쟁점도 평가의 기준으로 삼는다. 노벨문학상을 받는 순간, 특정 지역이나 민족의 문제는 '보편적인 것'으로 세계의 관심사에 놓이게 되는 것이다. 근대문학이 민족국가의 정체성을 구성하는 결정적 매개체였다는 사실을 감안한다면, 이런 노벨문학상의 의미를 충분히 이해할 수 있을 것이다.

따라서 한국이 아쉽게 노벨문학상에서 멀어진 까닭 중 하나엔 동북아를 중심으로 한 국제정세도 한몫 했을 것이라는 추측이 가능하다. 말하자면 한국의 문학이 과연 동북아에서 중요한 쟁점을 형성하는 문제들에 적절하게 개입했는지를 자문한다면 대답이 궁색해지는 것이다. 천안함 사건이 발생했을 때도 문인들을 비롯한 한국의 지식인들은 협소한 남북관계에 매몰된 나머지 오키나와 미군기지를 둘러싸고 벌어진 미·일 갈등에 제대로 주목하지 못했다. 사정이 이러하니 하토야마 내각을 길들이기 위해 오바마 정부가 한국의 천안함 사건을 어떻게 이용했는지에 대해 명쾌하게 짚어 내는 언론들도 거의 없었다.

보수언론들은 의도했든 의도하지 않았든 '강력한 적'으로 북한을 분칠함으로써 하토야마 내각을 압박해서 오키나와 미군기지 이전 문제를 원점으로 되돌리고자 했던 오바마 정부의 계획을 도왔다. 덕분에 한국은 오바마 정부로부터 일본보다 더 우선권을 부여해야 할 나라라는 칭찬을 들었지만, 결과적으로 현재의 동북아 정세에서 일본보다 더 충실하게 미국의 이해관계를 대변하는 국가로 주변국들에 비치게 되었다는 사실을 부정하기 어렵다. 과연 이런 이미지가 미국의 영향력이 쇠퇴하고 중국의 입지가 부상하는 이 시점에 장기적으로 한국에 이득을 줄 수 있을까. 모를 일이다. 여하튼 사정이 이러하니, G20 회의를 한국에서 개최했다고 국제적 위상이 높아졌다고 마냥 자랑만 늘어놓을 수 없는 것이 엄연한 현실이다. 남에게 보여주는 것보다도, 우리가 무엇을 해야 하는지에 대한 논의가 더 필요하다.

연평도 포격사건

연평도가 포격당하자 한국의 보수언론들은 '남북관계'에 집착해서 비인도적인 북한의 만행에 초점을 맞춰 연일 지면을 장식했다. 그러나 상황은 이보다 복잡하다. 사실 이런 주장들의 결론은 뻔하다. 모든 잘못이 북한에 있기 때문에 정당한 벌을 줘야 한다는 것. 세 살 먹은 아이도 알 법한 이 결론이 과연 지금 긴박하게 돌아가고 있는 동북아 정세에 무슨 도움이 될 수 있는지 의아할 뿐이다.

북한에 잘못이 없다는 뜻이 아니다. 보수언론들의 주장에 따르더라도 북한은 '원래' 이런 집단이고 '본성'이 호전적인 전쟁광들이 아닌가. 그렇다면 연평도 포격을 놓고 새삼스럽게 북한 응징을 소리 높여 외치는 것은 다소 우스꽝스러운 일이 아닌가. 사건이 발발했을 때, 외신들이 차분하게 남북 상황에 비추어 둘 다 전쟁을 원하지 않지만 혹시 모를 우발적인 실수로 전쟁이 일어날 수도 있다는 우려를 표명했던 것과 대조적으로 한국의 대표 보수신문이라는 한 일간지는 "대한민국이 공격당했다"는 선정적인 제호를 헤드라인으로 뽑았다. 한반도의 긴장 고조를 우려하는 사회구성원과 주변국의 시선에 아랑곳하지 않는 이런 행동은 역시나 주변국의 이해관계 따위는 신경 쓰지도 않는 북한의 맹동주의와 다를 바가 무엇인가. 남북의 권력집단은 서로 만나면 으르렁거리지만 사실은 너무도 닮아 있다.

중요한 것은 "모두 북한 탓"이라는 도덕적 결론의 되풀이만이 아니다. 이 논리가 정확하게 북한의 것과 같다는 점이다. 민간인을 살상한 뒤에도 사과 한 마디 없이 오직 모든 것이 "남한 탓"이라고 주장하는 북한의 억지를 듣는 것만으로도 충분히 고역이다. 평소 자유를 수호하고 인권을 중시한다는 한국의 보수언론들에서 똑같은 논리를 되풀이해서 듣는 것은 참을 수 없다. 문제의 핵심은 북한 문제를 '국익' 차원에서 풀어가는 것이지 선전·선동으로 진실을 왜곡하는 것이 아니다. 북한은 한국사회의 기획에서 '상수'이지 '변수'가 아니라는 것을 이번 사건에서 우리는 다시 확인할 수 있었다. 말하자면 북한은 항시적 '위기'이고, 따라서 국가 위기관리의 차원에서 북한 문제를 풀어가는 합리적인 자세가 필요한 것이다.

실제로 이번 연평도 사건으로 도마에 오른 것은 이른바 우파들의 대북정책이라는 사실을 직시해야 한다. 햇볕정책을 "퍼주기"라고 비판하며 대북 강경책을 주도했던 우파들의 노선이 시험대에 오른 것이다. 그런데 정작 사건이 터진 이후에 우파들이 보여준 태도나 행동은 실망감을 자아내기에 충분했다. 북한을 비난하는 선동적 발언이나 쏟아냈지, 사건을 해결하기 위한 구체적인 대책을 전혀 제시하지 못했다. 연평도 주민들이 인천항으로 대피했지만, 수용시설조차 제대로 마련되지 않았다는 것이 무엇을 뜻하는가. 이처럼 허술한 상황대처를 보고 있으면 우파들이 목청을 높이는 "안보의식 해이"의 원인이 국민들 탓은 아닌 것처럼 보인다.

연평도 사건에 대한 다양한 분석과 진단이 나올 수 있지만, 실제로 국민들에게 직접적인 영향을 미치는 것은 이런 위기상황을 적절하게 관리할 수 있는 능력이다. "잃어버린 10년"이라며 과거 정권의 정책을

'좌편향'이라고 비판하면서 집권했으면, 그 주장에 합당한 실력을 우파들은 보여줘야 한다. 그러나 천안함이나 연평도 사건에 대처하는 행동을 보고 있으면, 과연 이들도 똑같이 정부의 실정을 비판하는 것 빼고 무슨 다른 일을 할 수 있는지 의구심이 들 뿐이다.

군기강에 대해

병사들이 죽어 간다. 총탄이 날아가고 포탄이 떨어지는 전쟁터도 아닌 일상의 공간에서 스스로 목숨을 끊고 있다. 이런 경우 상식적으로 제기할 수 있는 문제는 전근대적인 병영문화에 대한 개선이다. 그런데 이 문제를 군 기강 해이로 바라보는 시선이 있어 흥미롭다. 대통령까지 나서서 유약한 젊은 세대의 적응능력을 우려하는 발언을 했다는 데서 이런 시선이 만만치 않다는 사실을 짐작할 수 있다.

단도직입해서 말한다면, 군 기강을 문제 삼는 발언은 다분히 자가당착에 가깝다. 대체로 유사한 주장이 우파들의 입장을 표방하는데, 그렇다면 더더욱 최근에 이어지는 일련의 군 관련 사건들은 천안함과 연평도 도발 이후에 유달리 안보의식을 강조했던 결연한 의지와 상반되는 현상이라고 하겠다. 이 모든 문제의 원인을 자유롭게 성장한 젊은 세대가 군대조직에 적응하지 못했기 때문이라고 말하는 것은 참으로 편리한 심리주의라고 할 만하다.

도대체 왜 이런 일들이 계속 발생하는 걸까? 일부 우파들의 말대로 축 늘어진 군 기강을 바로잡으면 모든 문제가 만사형통일까? 유약한 젊은이들을 강인하게 키우면 군 기강도 바로잡힐까? 모를 일이다. 군

기강을 문제 삼는 이들의 논리에서 발견할 수 있는 전제는 군대를
특수한 조직으로 인준하는 태도이다. 여기에서 특수하다는 것은
눈에 보이는 질서를 유지하기 위해서 비밀스러운 규율이 필요하다는
뜻이기도 하다. 말하자면, 이런 생각에서 군 관계자들은 은연중에
군의 단결을 위해서 '불법적 폭력'이 필요하다는 합의를 자백하고 있는
것이다.

상급 병사가 조직의 단결에 문제를 일으키는 하급 병사에게
가혹행위를 가하거나 같은 기수들끼리 특정 병사를 열외로 만드는
까닭이 여기에 있다. 일단 이렇게 지목을 당하는 순간, 그 병사 개인은
집단을 위해 해결되어야 하는 문제의 원인으로 낙인찍힌다. 이 상황은
상당히 아이러니하다. 왜냐하면, 병영생활을 잘하게 한다는 명목으로
그 해당 병사의 병영생활을 어렵게 만드는 역설이 발생하기 때문이다.
단결된 집단을 위해서 그 집단의 단결을 파괴하는 것이다. 이처럼
순수한 공동체에 대한 강요는 은밀한 폭력성을 내재할 수밖에 없다.
이상적인 집단을 위해 현실의 집단을 무너뜨려야 한다는 딜레마가
여기에서 모습을 드러낸다.

그러므로 총기사건과 자살사건을 둘러싸고 군 당국이 보이는 태도는
이런 딜레마에 대한 방어라고 볼 수 있다. 딜레마를 인식하고 해결의
실마리를 찾으려 하지 않고 그에 대한 인식 자체를 거부하는 모습을
보이고 있다. 딜레마를 포기하고 싶지 않기 때문에 이런 현상이
발생하는 것인데, 이 교착상태를 군의 존재 근거라고 믿는 합의가 군
관계자들 사이에서 주요하게 작용한다. 합리적인 조직을 유지하기
위해서 비합리적인 폭력이 동원되는 '진실'에 대한 군 당국의 부인은
이런 믿음 체계로 인해 가능한 것이라고 하겠다. 이 원리에 따라 군
조직의 단결을 강조하고 기강을 세우려는 군 당국의 의지가 결연하면
결연할수록 은밀한 폭력은 더욱 기승을 부릴 것이다.

물론 군에 국한해서만 생각할 수 없는 문제이기도 하다. 지속적으로 논란이 되는 체육대학의 구타문화에서 유사한 논리를 발견할 수 있다. 이들 또한 집단의 단결을 위해 은밀한 폭력을 용인해야 한다는 태도를 보여 왔다. 이 아이러니한 상황 자체가 군 기강을 바로 세우는 것으로는 현재 발생하는 문제를 해결할 수 없다는 사실을 반증한다.

구제역 살처분과 호모 사케르

정치철학에 관심을 가진 독자라면 '호모 사케르'라는 말을 한 번쯤 들어봤을 것이다. 이탈리아의 철학자 아감벤이 사용한 개념으로, 문자 그대로 옮기면 '신성한 인간'이라는 뜻이다. 물론 대개 철학 개념이 그렇듯이 여기에서 신성함이라는 수식어는 일반적으로 상상하는 수준 이상을 가리킨다.

원래 호모 사케르는 로마시대에 범법자를 가리키는 말이었는데, 법의 보호를 받지 못하기 때문에 누구나 마음대로 죽일 수 있지만 대신에 신전에 제물로 바칠 수도 없는 존재를 일컬었다. 아감벤은 이런 원의미를 확장해서 현대 사회에서도 여전히 호모 사케르가 사라지지 않고 지속되고 있다는 사실을 폭로한다. 법의 바깥에 놓여 있다는 점에서 호모 사케르는 '벌거벗은 생명' 또는 '날것의 생명'이라고 아감벤은 명명한다. 현대 사회는 겉으로 평화롭게 보이지만 사실은 포섭과 배제의 전략으로 빈틈없이 둘러쳐진 감옥에 다름 아니라는 시각을 이 개념에서 읽어낼 수가 있다.

물론 이와 같은 문제의식을 이론의 토대로 삼는 철학자가 아감벤 혼자인 건 아니다. 멀리 본다면 벤야민과 아도르노가 있었고, 좀 더

가까이 보면 푸코가 있었다. 9·11 테러 이후에 호모 사케르라는 개념은
세계화의 희망에 들떠 있던 서구 시민들에게 결코 평온할 수 없는
일상의 실체를 아프게 고발하는 사유의 기점을 제공했다.

연이어 벌어진 이라크 전쟁과 미군이 일방적으로 포로를 수용하기
위해 설치한 관타나모 수용소는 아감벤이 지적한 '수용소 사회'의
진실을 증언하는 것처럼 보였고, 이런 생생한 현실은 이탈리아 변방의
철학자를 일약 세계적인 사상가로 발돋움하게 만들었다. 그러나
이렇게 아감벤을 읽는 오늘날, 그리고 호모 사케르라는 개념이 이제
상식처럼 통용되고 있는 일상에서 우리가 발견하는 것은 또 다른
불편한 진실이다. 아감벤이 전제한 그 '신성한 인간'에도 미치지 못하는
존재들이 생매장을 당하고 있는 상황이 눈앞에 펼쳐졌기 때문이다.

구제역으로 인해 '살처분'된 소와 돼지들은 호모 사케르라는 명명조차
사치스러운 것처럼 보였다. 가축전염병을 예방하고 관리해야 하는 정부
입장에서 불가피한 조처였다고 변명을 했지만 사후에 밝혀진 내용을
보면 불가피했다기보다 오히려 판단 착오라는 생각을 지우기 어렵다.

이런 상황을 보면 우리가 사유 부재의 세계에 살고 있다는 사실에
오싹하다. 생각하지 않고 정해진 매뉴얼을 무조건 실행한 뒤에
따라오는 결과만을 탓하는 행태를 반복하는 것이다. 호모 사케르를
만들어 내는 생명정치가 소와 돼지들에게도 작동하는 이 사태를
어떻게 받아들여야 할까. '자식 같은 가축들의 죽음을 지켜보는 농부의
시선'을 형상화했던 일부 언론의 보도는 그나마 이런 사태에 대한
윤리적 반응이다.

소와 돼지들이 그렇듯, 호모 사케르는 무기력하다. 그러나 이
무기력으로 인해서 호모 사케르는 생명정치의 진실을 폭로한다. 포섭과

배제를 통해서 생명을 통제하고 관리하는 현대사회의 어두운 면이
호모 사케르를 통해 지적되고 비판 받을 수 있다. 한국사회의 구제역
대책을 보고 있으면, 호모 사케르의 개념을 '인간'의 범주에 국한해서
적용하는 것은 협소한 해석이라는 생각이 든다. 소와 돼지에게 주권을
논한다는 것이 어불성설이라고 생각하는 독자도 있겠지만 인간도
사실은 자기 생각을 가지기 전까지는 '인간 동물'에 불과하지 않은가.

포클레인이 파놓은 거대한 구덩이에서 빠져나오기 위해 필사적으로
몸부림치는 돼지들의 이미지는 '먹을거리'라는 포섭의 대상에서도
제외되어 버린 '아무 것도 아닌 존재'를 선명하게 증언한다. 자본주의가
만들어낸 거대도시에 고기를 집중적으로 공급하기 위해 그 인구의
분포만큼 집약적으로 배양되어야 했던 가축들의 존재도 우리가
이제부터 시작해야 할 새로운 인문학적 사유의 대상에 포함해야 하는
것이다.

이집트 사태와 소말리아 해적

최근 낯선 두 타자가 한국사회와 조우했다. 이집트(튀니지) 사태와 소말리아 해적이 그 둘이다. 한국인의 의식에서 완전히 배제되었던 두 공간성의 존재들이 갑자기 일상의 경계를 뚫고 틈입한 것이다. 그리고 한국사회의 나팔수들은 침묵하든지 아니면 맥락 없는 '자의적 해석'을 쏟아냈다. 이집트 사태와 관련해서 주가에 영향을 미칠까 노심초사했고, 소말리아 해적에 대해서 부유한 한국에서 살고 싶다는 '엉뚱한 소망'을 대서특필했다. '섬 사회'인 한국에서 이런 일이 일어나는 건 아주 자연스러운 일이겠지만, 크게 본다면 그 자연스러움은 우리에게만 그렇게 비치는 왜상에 불과하다.

이 과정에서 이집트와 튀니지 사태가 지닌 의미들이나 소말리아 해적의 진실에 대한 성의 있는 접근은 불필요한 것이었다. 소말리아 해적에 대한 박노자의 칼럼이 그나마 위무가 된다고 해야 할까. 한국사회에서 아프리카나 아랍은 암흑의 대륙에 불과한 곳이겠지만, 이토록 국제주의적 시각을 결여하고 있는 상황은 무엇으로도 설명하기 어렵다. 이집트 사태에 대한 보도에서 한국의 언론들은 서방 자유주의 언론의 '우려'를 앵무새처럼 되풀이 했을 뿐이다. 서방 자유주의자들의 우려는 한 마디로 요약할 수 있다. "이집트에 민주주의를 주는 것은 곧

무슬림 근본주의자들에게 권력을 갖다 바치는 지름길이다. 왜냐하면 근본주의자들이야말로 아랍 사회에서 다수의 지지를 받을 수 있는 위치에 있는 '신정일치 집단'이기 때문이다."

자신들의 민주주의를 위해 아랍을 악마화하고 억압한 대가가 이렇게 근본주의의 재앙이 되어서 돌아오고 있다는 것을 자유주의 통치자들은 인정하지 않는다. 이들에게 민주주의는 잘 훈련받은 소수 엘리트의 전유물이지 어중이떠중이 패거리의 것이 아니다. 이들에게 후자는 민주주의라기보다 혼란이다. 이런 까닭에 서방 자유주의언론들은 입을 모아서 2011년에 일어났던 이집트 사태가 무정부 상황을 몰고 와서 세계 경제를 도탄에 빠트릴 수 있다고 경고했던 것이다. 무바라크의 30년 독재가 어떻게 가능했는지 이런 서방의 태도를 보면 알 수 있을 것 같다.

소말리아 해적이든, 이집트-튀니지 사태든, 결과적으로 원인 제공은 서방 세계이다. 이들은 겉으로 근본주의를 우려하는 것처럼 보이지만, 결국은 근본주의에 대한 반대항이라고 자신들이 주장하는 그 '민주주의'를 인민들이 실제로 요구할 때, 더 깊은 우려를 표명한다. 한국에 온 소말리아 해적이 한국 유치장에서 배불리 먹은 뒤에 한국이 좋다고 말할 때, 우리가 느끼는 황당함도 이렇게 당혹감에 감춰진 우려가 다른 얼굴로 나타난 것뿐이다. 멀쩡한 소말리아인들이 '해적질'을 할 수밖에 없었던 이유가 단지 배불리 먹고 편안하게 쉬기 위한 것이었다는 '사실'이 드러났을 때, 그들을 '소탕'한 한국의 전과는 명분을 상실한다. 자국 국민을 위해 군대를 동원하는 것을 '정의'라고 판단하는 지극히 일국주의적 사고는 국제주의적 영향력을 행사하고자 꿈꾸는 한국사회의 미래에 결코 득이 될 수 없다.

상하이 스캔들

상하이 스캔들만큼 드라마보다 현실이 더 드라마틱한 경우도 드물 것이다. 해병대에 자원입대한 한 드라마의 주인공이 극중에서 만들어진 유행어처럼 실제로 '사회지도층'의 모범을 보이듯, 영화 속 주인공처럼 외교관들이 한 여인을 두고 치정 다툼을 벌였다. 현실이 이렇게 변화무쌍하고 재미있으니, 따로 즐거움을 위한 형식을 만들 필요가 없을 지경이다. 현실 자체를 그냥 담아내면 훌륭한 오락거리가 되어 버린다.

최근 유행하는 예능 프로그램을 보면 대체로 이렇게 현실의 사연을 그대로 보여주는 것을 목적으로 한다. 제작비를 많이 들이지 않고도 흥미로운 내용을 확보할 수 있으니 이보다 더 좋을 수 없다. 보는 입장에서야 흥미진진하겠지만, 막상 그 상황을 살아가야 하는 입장이라면 생각이 달라진다. 마냥 웃고 즐길 수만 없는 냉엄한 현실논리가 삶을 옥죄는 것이다.

이른바 '상하이 스캔들'이 문제적인 것도 이 때문이다. 단순한 스캔들이라고 부르고 넘어갈 수 없는 문제들이 바닷속 암초들처럼 숨어 있다. 이 스캔들의 실체는 무엇일까? 개인의 욕망이 국가라는

장치를 고장낸 것이라고 말할 수도 있겠지만, 그 당사자들이 '국격'을
앞세우며 '좌파 집권 10년' 때문에 한국사회의 품위가 땅에 떨어졌다고
호통을 치던 정부의 외교 인사들이라는 사실에서 자가당착을 읽을
수밖에 없다.

사실 국격이라는 말은 세계화가 진행되면서 출현한 개념으로 국가의
성격을 인격에 비추어 파악하는 문화적 태도와 무관하지 않다.
국가의 브랜드화라고 볼 수도 있는 이 국격에 대한 인식은 이미
과거 정부에서도 '바이 코리아'나 '다이내믹 코리아'라는 명명으로
등장하기도 했다. 세계화는 과거 지정학적인 관계로 얽혀 있던
정세들을 상당히 변화시키는 중이라고 볼 수 있는데, 이 과정에서
국가와 인격이 동일시되는 상황들이 벌어진다. 이런 변화는 정치적인
상황을 문화적인 차원으로 대체해서 중립화하려는 시도의 결과이기도
하다. 과거 같으면 지정학적인 관점에서 지배와 견제를 중심으로
파악해야 했던 국제관계가 포섭과 협력이라는 관점으로 이동하는 것이
전반적인 흐름인 셈이다.

상하이 스캔들은 이명박 정부가 급변하는 국제관계의 패러다임에
제대로 대처하고 있는지 의구심을 갖게 만들었다. 외교경험이 풍부하지
않은 인사를 배정한 것도 문제겠지만, 변화하는 정세에 대한 기본적인
철학이 부재한 것이 더 큰 문제라는 생각이다. 외교라는 공적인 문제를
개인적인 '인간관계'를 통해 해결하고자 했다는 점에서 의심은 더욱
구체화된다. 게다가 이 관계가 남녀의 '애정'을 중심에 놓는 것이었으니,
상황은 더욱 드라마틱할 수밖에.

어떻게 생각하면 상하이에서 벌어진 일련의 스캔들은 몇몇 인사의 자질
부족 때문에 발생한 것이라고 보기 어렵다. 공동체 구성원의 쾌락을
공평하게 분배하기 위해 정치권력을 적절하게 사용해야 한다는 것이

근대국가의 원칙일 것이다. 이런 원칙을 체득하지 못한 한국 '정치인' 특유의 사사로움이 이 사건에서도 유감없이 발휘되었다고 볼 수 있다. '외교'를 사적인 쾌락을 실현하기 위한 수단으로 사용했다는 점에서 이 문제는 스캔들의 수준을 넘어서 있다. 말하자면, 이 사건은 한국사회의 정치구조와 밀접하게 관련을 맺고 있는 것이다.

북한의 권력세습

북한 권력이양 문제와 관련한 논쟁은 진보진영 내부에서 뜨거운 감자였다.《경향신문》이 '민노당은 3대 세습을 인정하겠다는 것인가'란 제하의 사설을 통해 문제를 제기한 결과로 본격적인 논쟁이 벌어졌다. '넘겨짚기'라는 비판도 없지 않았지만, 당시 벌어졌던 양상을 보면 딱히 그런 것 같지도 않았다. 북한이 결국 3대째 국가권력을 '세습'하기로 한 것은 기정사실이고, 이 문제에 대한 진보진영의 입장을 밝혀야 하는 것도 당면한 과제이기 때문이다. 어떤 이들은 왜 하필 민주노동당에 그 입장을 강요하는지 되묻기도 했다. '역매카시즘'이라는 신조어까지 만들어내면서, 권력세습에 대한 비판을 굳이 민노당이 하지 않아도 된다고 강변한다. 북한의 내부문제에 대한 섣부른 비판이 남북관계를 악화시킬 것이라는 이유 때문이다. 이런 반론은 이대근 논설위원이 민노당에 북한의 권력세습에 대해 분명한 입장을 취할 것을 주문한 까닭을 무색하게 만든다.

이 위원의 문제제기에서 추려 들어야 했던 것은 '민노당'이라는 부르주아 대의제 민주주의제도 내에서 진보주의의 이념을 대변한다고 자임하고 있는 공당의 전망에 대한 의문이었다. 이 위원은 민노당에 이 진보의 전망과 북한의 관계를 다시 생각해야 한다고 주문했던 것이다. 그런데 그때 민노당을 비롯한 일부 진보세력은 특이한 반응을 보였다. 어떻게든 북한에 대한 비판을 회피하려는 태도를 부지불식간에 드러냈다.

흥미롭게도 권력세습에 대한 비판을 자제해야 한다는 입장을 지탱해 주는 논리는 "북한 내부 문제"이기 때문에 관여할 일이 아니라는 것이다. 그러나 북한을 독자적인 국가로 설정하는 이런 논리는 외교적인 차원에서나 가능한 수사일 뿐이다. 북한의 권력세습에 대한 민노당의 입장은 한국사회에서 진보의 전망을 어떻게 수립할 것인지에 대한 질문과 궤를 같이하는 것이기에, 반드시 짚고 넘어가야 할 필요가 있다.

사실 일부 진보세력이 북한의 권력세습에 대한 비판을 망설이는 까닭은 '조국통일'을 진보의 정언명령으로 믿고 있기 때문이다. 조국통일은 이들에게 '단일민족국가 건설'이라는 실패한 근대적 기획의 완성을 의미한다. 그래서 이들에게 중요한 것은 다른 무엇도 아닌 남북관계 개선을 통해 통일을 이루고 진보를 완성하는 것이다. 말하자면, 이들은 여전히 한반도의 북쪽에 있는 '현실사회주의 체제'에 진보적인 측면이 있다는 점을 은연 중에 인정하고 있는 셈이다. 권력세습을 문제시하지 않는 것도 이런 생각 때문에 가능하다.

과거 사회주의 이론에 따르면, 사회주의국가에서 중요한 것은 바로 프롤레타리아독재이고, 북한의 권력세습은 이 사회주의적 전략전술을 자기 식대로 적용한 제도라고 하겠다. 물론 민노당이나 이를 지지하는 일부 진보세력이 이런 전략전술을 신봉하는 것은 아닐 테다. 하지만 국가권력을 진보세력이 장악해서 진보적 기획을 달성해야 한다는 생각을 공유한다는 측면에서, 이들이 심각하게 북한의 권력세습을 비판하기 어려운 것이라고 할 수 있다. 결국 넓게 본다면, 북한의 선택도 국가권력을 사회주의 세력이 계속 장악하기 위한 나름의 자구책처럼 보이기 때문이다.

솔직히 세습 논란을 지켜보면서 세계의 정치 상황이 초국가적인 국면으로 진행되고 있는 마당에도 한국의 진보진영은 여전히 한 국가 내부의 시각을 벗어나지 못하고 있다는 생각을 지울 수가 없었다. 남북관계는 북한의 오류를 비판한다고 나빠지는 것이 아니라 이런 국제정치 상황을 진보진영이 제대로 파악하지 못할 때 위험에 빠지는 것이다. 오키나와 미군기지 이전 문제와 긴밀하게 얽혀 있었던 천안함 사태에서 배워야 할 교훈이 바로 이것이지 않은가!

인문학 부흥?

요즘 눈에 띄게 인문학 부흥을 목격할 수 있어서 흥미롭다. 한마디로 시장에서 반응이 오고 있다는 것인데, 출판계도 이런 현상을 일찌감치 감지하고 발 빠르게 대응을 준비한다는 후문이다. 최근 몇몇 주요 문학전문 출판사들이 속속 인문총서를 기획하고 있는 것은 이와 같은 움직임을 방증하는 것이라 하겠다.

《정의란 무엇인가》 같은 철학서가 최장기 베스트셀러에 오르고, 내한한 저자의 직강을 듣기 위해 수천 명의 독자들이 문전성시를 이룬 것은 일시적 사건이라고 보기 어렵다. 이런 양상은 확실히 전면적이고 개방적이라는 측면에서 'CEO를 위한 인문학'이나 '노숙자를 위한 인문학' 같은 인문학 운동과 상당한 차별성을 갖는 것처럼 보인다.

지금 목도하는 인문학 부흥 현상은 단순하게 인문학에 대한 대중의 관심이 높아졌다는 말로 마무리하기 어려운 측면이 있다. 말하자면, 이 현상 자체가 진실이라기보다, 보이지 않는 진리가 상징적 의미로 돋을새김되어 있는 일종의 증상인 것이다. 얼마 전까지 '먹고사니즘'이 강력한 이데올로기로 작동하던 한국사회에서 갑작스러운 인문학 부흥 현상은 확실히 기이한 것이다.

《정의란 무엇인가》에 대한 폭발적인 한국 독자들의 반응을 보고 저자인 마이클 샌델은 "한국사회가 정의를 갈구하기 때문"이라고 진단했는데, 외국인의 눈에도 이 현상은 무엇인가 '과잉'을 내포하는 것처럼 보였나 보다. 물론 미국에서도 이 책은 베스트셀러이기 때문에 한국 독자들이 이 책에 관심을 보이는 것 자체가 특이한 것이라고 말하기는 어렵다. 그러나 그 집중과 강도에서 미국의 수용양상과 다르다는 것은 인정할 수밖에 없을 것 같다.

여하튼, 평소에 인문학의 위기를 개탄해 온 인문학자라면 모처럼 인문학이 독자의 관심을 끌게 된 것을 그렇게 나쁜 일이라고 타박할 수는 없겠다. 다만 여기에서 짚고 넘어가야 할 것은 이런 부흥이 어떻게 가능한지에 대한 생각이다. 여러 가지 이유를 거론할 수 있겠지만, 무엇보다도 한국사회의 분위기가 과거와 달라졌다는 것이 중요할 것이다. 이 변화의 원인은 무엇일까? 바로 경제가 '꿈'을 주던 시절이 끝나가고 있다는 사실과 무관하지 않다.

부동산으로 상징되던 한국사회의 경제 부흥이 더 이상 과거처럼 많은 사람들에게 즐거움을 주지 못하고 있는 것이다. 꿈이라는 것은 대체로 상상적 이미지를 통해 그 꿈을 꾸는 당사자를 즐겁게 만들어준다. 과거에 경제가 그랬다면, 현재는 더 이상 경제가 그 역할을 하지 못한다고 할 수 있다. 이명박 정부를 집권에 이르게 했던 경제주의가 오히려 고통스러운 현실을 만들어 냈다는 자각이 이루어지고 있는 것이다.

그렇다고 인문학이 경제주의의 잘못을 치유할 수 있는 대안으로 호명되고 있는 것은 아니다. 대안이라기보다 보충이라고 하는 것이 타당하겠다. 경제주의가 남겨 놓은 결핍의 지점들을 메우기 위해 인문학에 대한 관심이 돌아오고 있는 것이 아닐까. 크게 본다면 자기를

계발하기 위한 또 다른 '기술'로 인문학을 사용하고자 하는 속셈일 수도 있다.

만약, 신자유주의시대를 살아가기 위한 '미덕'의 일종으로 여겨 인문학이 부흥하는 것이라면 상황은 복잡해진다. 인문학자로서 이 현상을 반길 것인지 비판할 것인지 판단을 내려야 한다는 강박이 생길 것 같기 때문이다. 그러나 지식을 덕으로 간주했던 소피스트들이 없었다면, '너 자신의 무지'에서 철학이 출발한다고 역설하는 소크라테스가 등장할 수 없으리라.

소피스트들에게 지식이라는 것은 '대상에 대한 정보를 잘 활용하는 것'이었지만, 소크라테스는 이런 지식 말고도 다른 '앎'이 있다는 사실을 주장함으로써, 인문학의 영역을 제시했다고 할 수 있다. 인문학이 자기계발의 목적으로 사용되는 현실에 대해, 인문학자라면 다른 앎을 추구하는 인문학의 의의를 지속적으로 내세우는 것이 중요하지 않을까. 인문학 부흥은 이렇게 다른 앎의 영역을 찾아나가는 지점에서 제대로 임자를 만날 수 있을 것이라고 생각한다.

인터넷 여론

이명박 정부의 인사청문회는 후보자들의 줄 사퇴로 막을 내리곤
했다. 과거에 비추어 보자면 보기 드문 일이다. 말은 사퇴지만 사실상
낙마라고 할 수 있는데, 이런 결과를 이끌어낸 결정적 힘이 야당에서
나왔다고 보기 어렵다. 야당은 들러리에 불과했고, 정작 숨은 공신은
바로 트위터로 대표되는 '인터넷 여론'이었다.

한국의 우파에게 인터넷은 램프 밖으로 나온 거인 요정과 같다.
램프에서 불러 냈지만 다시 들어가게 할 방법이 없다는 점에서
곤혹스러울 수밖에 없다. 그래서 이들은 인터넷을 괴담과 유언비어의
온상으로 포장하고 애써 외면하려고 한다. 그러나 이번 인사청문회에서
다시 확인했듯이, 이 지니의 힘은 단순한 환상에 그치지 않는다.
실질적인 완력을 가진 것이다.

한국사회에 특유한 이런 현상을 '인터넷 민주주의'라고 이름 붙일
수 있겠다. 이 민주주의는 긍정적인 측면과 부정적인 측면을 동시에
내포하고 있다. 한때 민주주의는 '정언명령'과 같은 것이었고, 언제나
'좋은 것'을 대변하는 기표였지만 오늘날 우리에게 비치는 민주주의
모습은 정치의 조건이나 환경에 가까운 것이다.

따라서 문제는 민주주의 자체를 어떻게 잘 구현할지 주장하는
것이 아니다. 누가 요구하는 어떤 민주주의인가 묻는 것이 중요하다.
민주주의는 국가에 대해 사회 구성원 개인이 각자의 이해관계를
관철시키려는 요구행위라는 점에서 결코 '하나'일 수가 없다.

돌이켜보면, 이명박 대통령이 당선된 2007년과 비교해서 상황은
많이 바뀌었다. 한마디로 이 변화를 요약하자면 '중성국가에 대한
요청에서 정상국가에 대한 요청'으로 양상이 변화했다고 말할 수 있다.
중성국가가 시장에 대해 중립적인 태도를 지키는 국가라면 정상국가는
공동체 구성원에 대한 책임을 다하는 국가다. 중성국가와 정상국가에
대한 요구는 서로 충돌할 수밖에 없는데, 이명박 정부에 대한
지지는 두 가지 요구 모두를 포함하고 있었다는 점에서 태생적으로
모순이었다.

촛불은 이 모순이 나타난 것이었고, 이를 통해 한국의 정치상황은
새로운 국면을 맞이했다고 파악한다. 촛불은 꺼졌지만 그 빛이 남긴
여운은 여전히 다른 모습으로 돌아오고 있는 것이다. 얼마 전까지
먹고사니즘이 지상최대의 명령이었던 사회가 인문학적 사유를
요청하고, 마치 아이돌그룹을 지지하듯이 '정의'라는 말에 매혹당하는
것은 사소한 징후에 불과한 것이 아니다. 시장주의가 만들어 놓은
매끄러운 판은 작은 힘으로도 얼마든지 큰 바위를 옮길 수 있는
조건이기도 하다.

사정이 이런데도 이명박 정부는 자신의 의지를 바꿀 생각이 없는
것 같다. 지난 '좌파' 정부를 비판하는 것 외에 뚜렷한 정치적 명분도
보이지 않는다. 노무현 정부가 세종시라는 대못을 박아 놓았다고
비난하던 이들이 마찬가지로 4대강이라는 뽑기 어려운 말뚝을
박고 있는 아이러니를 어떻게 설명해야 할까. 과거 정권을 '잃어버린

10년'이라고 규정하면서, 자신들의 국정운영 능력을 과시하던 이들이 보여준 형편없는 위기관리 방식은 어떻게 받아들여야 할까.

이명박 정부의 실패가 곧 야당의 성공을 의미하지 않는다는 사실도 중요하다. 이제 정치 양상은 여당 대 야당으로 환원할 수 있는 것이 아니라, 정치권 대 시민사회라는 새로운 국면으로 발전했다. 이번 인사청문회에서 목격한 일련의 과정은 이 사실을 새삼스럽게 증명하는 것이다. 정말 "비는 내리고 어미는 시집"가는 상황이 현실화했다.

다른 삶이 필요하다

마드리드와 뉴욕에서 촉발된 '분노하라'와 '점령하라'는 요구가 전 세계로 퍼져 나가고 있다. 숨죽였던 다수의 목소리들이 광장으로 쏟아져 나왔다는 점에서 분명 중요한 현상이다. 그러나 다양한 학자와 전문가가 지적하듯이, 이 상황만을 두고 금융자본주의의 종언을 단정하는 것은 다소 섣부르게 보인다. 과거에 비춰 봐도 이번 '국제행동의 날'에서 보여준 시위 양상이 특별했다고 말하기는 어렵다. 대규모 시위대들이 모여서 집단적으로 요구를 표현했던 경우는 많았지만, 결과적으로 아무런 정치적 해결책을 마련하지 못했다.

구체적 요구사항이나 대안적 전망이 없기에 지속성에 의문을 제기하는 이들도 적지 않다. 당연히 반론도 있다. 아직 초기이기 때문에 그 요구와 전망이 만들어지고 있는 중이라는 주장부터, 1%와 99%로 나뉜 세상에 대한 자각이 이미 이루어졌기에 각국의 정치제도를 이용해서 금융자본주의를 규제하는 정책입안을 압박하게 될 것이라는 입장까지 강조점은 다르지만 나름대로 설득력 있는 의견들이다.

부정적인 평가와 긍정적인 평가 모두를 공평하게 살펴봐도, 여하튼 이번 시위를 '끝'이 아니라 '시작'으로 규정하는 태도를 모두 공유하고 있다고 볼 수 있다. 말하자면, 이 시위는 여전히 알 수 없는 내용을 포함하고 있는 셈이고, 이렇게 규정할 수 없는 요소들이 과거에 되풀이 되었던 문제들을 다시 귀환시키고 있는 것이다. 왜 이런 일들이 벌어지는 것일까? 중요한 지점은 시위 양상이나, 시위가 일어났다는 사실 자체가 아니기 때문이다. 이 시위는 오히려 어떤 이행의 국면으로 나아가고 있는 세계자본주의의 변화를 보여주는 하나의 증상에 가깝다. 증상은 원인을 내포하고 있지만, 원인 자체는 아니다.

자본주의는 바야흐로 변화에 직면하고 있다. 그러나 중요한 것은 이 변화의 동인이 무엇인지에 대해 질문하는 것이다. 문제는 변화 자체라기보다, 이 변화를 이끄는 힘이다. 지금 목격하고 있는 세계적인 반응들은 신자유주의를 통해 자본주의를 관리해 왔던 1%가 그 능력을 상실했기 때문에 발생하는 것이다. 그 까닭이 부자들의 탐욕이든 금융자본 위주의 경제체제이든, 자본주의 생산양식의 근본 한계이든, 세계대전 이후 성공적으로 안착했던 세계경제체제가 이제 버틸 힘을 잃어가고 있다.

월가를 점령하는 것은 이행기를 맞이한 자본주의에서 살아가는 시민들이 취할 수 있는 정치적인 행동 중 하나이다. 그러므로 이 행동의 스펙터클에 감격하기보다, 이 행동을 어떻게 근본적인 변화에 대한 인식으로 향하게 만들 것인지 고민하는 것이 중요하다. 변화의 원인이 자본주의의 위기를 의미하는 것이라면, 이 상황은 1%의 타락으로 인해 발생한 것이라기보다, 체제 자체의 모순이라고 보는 것이 타당하다. 역사를 돌이켜보면 자본주의는 불사조처럼 파국의 잔해더미를 헤치고 다시 살아나곤 했다.

근본적인 변화를 요구하는 목소리는 그냥 만들어지지 않는다.

욕망은 기원에서 발생하는 것이 아니라, 대상을 통해 주어진다. 위기의 탓을 오직 금융자본주의로 돌리는 입장은 마치 금융자본주의는 나쁘고 다른 자본주의는 좋은 것인 양 착시현상을 불러일으킨다. 역사에서 금융과 분리된 자본주의가 과연 존재했는지 되물어 볼 필요가 있다. 이제 필요한 것은 자본주의에 대한 근본적인 질문이다. 이를 통해 '다른 삶'이라는 새로운 대상을 만들어 내야 한다. 이것이 지금 분출하고 있는 대중의 욕망 구조를 재배치할 수 있는 합당한 길이다.

김진숙과 희망버스

희망버스는 '희망'인가? 이 시점에서 희망버스에 대한 이런 질문은 정당한 문제의식을 내포한다. 이 버스가 그 무엇도 아닌 '희망'을 이마에 붙이고 있기 때문이다. 이런 까닭에 김대호 사회디자인연구소 소장처럼 희망버스에 대해 솔직하게 의문을 제기할 수 있다. 그러나 그 의문이 "희망버스가 말하는 희망은 무엇인가"라는 질문을 넘어서 "희망버스 안에 '희망'은 있는가"라는 근본적 회의로 나아간다면 문제가 좀 달라진다.

김대호는 희망버스를 "진보의 재앙"이라고 불렀다. 보수신문들은 이런 주장을 대서특필했다. "진보 내에서 들리는 자성의 목소리"라는 것이다. 〈창비주간논평〉에 실린 김기원의 논조도 비슷했다. 군부독재가 아니라 자본주의 시장과 맞서 싸우기 위해서 "뱀 같은 지혜와 비둘기 같은 유연성을 가져야 한다"고 역설했다. 이들의 주장을 요약하면 한마디로 '자본의 범세계화가 가속화하는 현재의 자본주의 체제에서 정리해고는 피할 수 없는 노동자의 운명'이라는 말이다. 이 필연성을 인정한 상태에서 '협상'의 여지를 열어 둬야지 투쟁에서 승리할 수 있다는 입장을 공유하고 있다.

이들의 주장에서 공통적으로 발견할 수 있는 것은 자신의 견해를
뒷받침하는 전거로 마르크스를 인용한다는 사실이다. 마르크스를
통해 '자본의 운동'이라는 필연성에 종속된 노동자의 처지를
강조하고 있다. 결국 차 떼고 포 떼고 보면 노동유연화는 거부할 수
없는 대세고, 이를 수용한 자세에서 노동자가 고용문제를 풀어야
한다는 모범답안이다. 흥미롭게도 이들은 마르크스를 인용하면서도
기본적으로 사회주의의 종언을 전제한다. 사회주의 체제가 아니라면
완전고용은 불가능하다는 것인데, 사회주의는 이제 더 이상 실효성
있는 사회 기획일 수 없다는 것이다.

이런 논리를 파악하면, 희망버스가 왜 진보의 재앙이라는 것인지
이해할 수 있다. 사회주의라는 실패한 기획을 추구하는 것이
아니라면, 희망버스는 오히려 합리적 해결책을 도모해야 할
노동운동을 잘못된 방향으로 부추기는 훼방꾼에 가깝다. 당연히
김진숙 민주노총 지도위원의 농성도 전체적인 진보의 관점에서
본다면 과잉이라고 할 수 있다. 협상 테이블에서 머리를 맞대고
합의점을 찾아야 할 마당에 해고 철회라는 판을 깨는 불가능한
요구를 한다는 것이다. 얼핏 '중도 입장'을 취하는 것처럼 보이는
이들의 주장은 나름대로 '객관적 관점'을 보여주는 듯하다.

비단 이들만 이런 입장을 표명하는 것이 아니다. 마르크스를
인용해서 비정규직 운동의 문제점을 지적하는 목소리도 심심찮게
발견할 수 있다. 몇 년 전 청년실업 문제를 다룬 한 토론회에서
마르크스주의 연구에 일가견이 있다는 이진경도 비슷한 논조의
주장을 펼쳤다. 비정규직은 고용형태의 대세이기 때문에 이
자체를 거부하는 투쟁은 무의미하다는 것이다. 물론 이런 '사실
기술' 자체가 오류라고 말하기는 어렵다. 마르크스가 《자본》에서
궁극적으로 말하는 것도 자본 축적과 실업이 밀접한 관련성을 맺고

있다는 '사실'이기 때문이다. 자본주의가 발전할수록 그 발전의 주역인 노동자는 일터를 떠나야 한다는 것은 말하자면, 아무도 발설하지 않는 공공연한 자본주의의 비밀이다.

빼앗긴 일자리를 돌려달라는 복직투쟁은 마르크스의 관점에서 본다면, 실업을 필연적으로 야기할 수밖에 없는 자본주의 자체에 대한 저항 또는 반대이고, 자본주의를 극복하기 위한 투쟁이라고 볼 수 있다. 그런데 사회주의를 더 이상 현실적 사회 기획으로 간주하지 않는 이들에게 자본주의 법칙을 거스르는 복직투쟁은 무모한 도전처럼 보일 것이다. 물론 이렇게 자본주의의 '현실원칙'을 강조하는 입장에서 확인할 수 있는 오류는 선명하다. 사르트르가 말했듯이, 인식의 총체화는 종종 실천의 자리를 사라지게 한다. 사물을 이해하기 위한 총체적 분석이 실천을 자동적으로 보장해 주지 않는다는 말이다. 이들의 주장에서 비슷한 문제점을 찾아내는 것은 어렵지 않다. 자본주의 법칙을 너무나 잘 인식함으로써 오히려 실천은 차단당하는 것이다. 사회주의의 실패에 대한 인식을 절대화함으로써 자본주의를 극복하기 위한 실천 자체를 쓸모없는 것으로 치부하는 문제가 여기에서 발생한다.

그러나 상황은 호락호락하지 않다. 이들이 마르크스를 원용해서 말하는 것은 케인스나 슘페터에 가까운 것이지 마르크스 본연의 문제제기는 아니다. 이들의 논의는 궁극적으로 '자본주의 복원'을 염두에 두고 있다는 점에서 기껏 나아가 봐야 장하준이나 장뤼크 그로처럼 금융자본에 맞서 국가와 기업을 합리화하는 방향을 요구하는 수준에 머무는 것이다. 당연한 이야기이지만, 신자유주의 이데올로기에 대한 비판이라는 측면에서 중도적 입장이 제기하는 여러 가지 사안은 분명 유효하다. 물론 신자유주의라는 질병에 걸린 자본주의를 국가나 기업의 합리화을 통해 치유할 수 있다는 생각이 과연 '대안'일 수 있는지 그 또한 검증이 필요하지만, 문제는 김대호나 김기원의 주장이 최근 관심을 끄는 이런 논의조차 포괄하는 것처럼 보이지 않는다는 사실이다.

희망버스에 대한 비판은 '세상 물정 모르는 진보'의 투정에 대한 훈계처럼 들린다. 그런데 그 세상 물정이라는 것이 톡 까놓고 말해서 신자유주의 논리를 되풀이하는 것에 지나지 않는다는 사실은 무엇을 의미할까? 세계경제가 어떻게 돌아가는지도 모르고 노동자들이 파업이나 한다며 호통치는 우파의 논리를 여기에서 발견하기는 어렵지 않다. 정작 그토록 소중한 세계경제를 망치는 주범들이 호통을 쳐대는 당사자들이라는 아이러니가 있다. 최소한 장하준이나 그로처럼 중도적 입장을 취하더라도, 비판받아야 할 당사자는 희망버스를 타고 간 시민들이라기보다, 한진중공업 경영자다.

이런 일이 왜 발생하는지 궁금할 것이다. 그 이유를 몇 가지로 생각해 볼 수 있겠다. 먼저, 과도한 경제주의 관점 때문이다. 말할 것도 없이 경제는 대단히 중요하다. 역사적 공산주의 국가의 몰락에서 확인할 수 있듯이, 사회 기획의 실패는 근본적으로 경제문제와 관련 있다. 이념만으로 살아갈 수 없음을 보여주는 적나라한 사례가 북한일 것이다. 경제정책 실패가 어떻게 이념을 왜곡하는지 과거의 역사를 통해 쉽게 확인할 수 있다. 이런 학습효과로 인해 경제문제 해결을 최우선으로 여기는 경향이 정치의 관점을 압도하는 것이다.

다음으로 대의민주주의를 민주주의 자체와 혼동하기 때문에 이런 문제가 나타난다. 대의민주주의를 정치의 조건으로 생각하지 않고 귀결점으로 생각할 때, 모든 정치의 결과물은 대의민주주의로 수렴돼야 한다는 입장을 정언명령으로 받아들이게 된다. 선거 때만 되면 단골메뉴로 등장하는 '야권통합 후보'에 대한 강박은 이 때문에 발생한다고 하겠다. 기존 정당정치에 기반을 둔 정치공학이 정치 자체를 대체하는 상황이 대의민주주의의 범주를 벗어난 민주주의에 대한 요구를 '없는 것'으로 간주하는 경향을 초래한다. 이것이 만성화됐을 때 기존 정당정치를 벗어난 정치를 과잉으로 치부하는 일이 벌어지는 것이다.

마지막으로 집권을 곧 사회 기획의 실현으로 착각하기 때문이다. 이런 착각으로 인해 정치의 가능성을 하나의 재현으로 수렴하는 결과를 초래한다. 정치가 하나일 수 없다는 사실을 거부하는 논리 구조가 여기에서 만들어진다. 이유 없는 정치, 하나로 재현되지 않는 정치, 설명할 수 없는 정치 따위를 정당한 절차를 위반하는 '떼쓰기'로 규정하는 경향이 이를 통해 생겨난다. 따라서 모든 정치는 집권이라는 단일한 궤도로 들어와야 한다. 그렇지 않을 경우, 말만 많은 '평론가'나 '입진보'로 싸잡아 비난받는다.

이처럼 김대호나 김기원의 주장은 얼핏 기존의 진보와 다른 입장을 취하는 것처럼 보이지만, 사실은 크게 다를 바 없는 내용을 논리화한다는 사실을 알 수 있다. 그래서 희망버스에 대한 이들의 태도는 특정 개인의 '오판'이라고 보기 어렵다. 정도의 차이가 있지만, 자칭 타칭 '진보 진영'이라고 분류되는 집단 일반에서 이런 경향성을 찾기란 힘든 일이 아니다. 싸우는 적을 닮는 것이 정치의 본질이다. 정치 자체가 일시적이고 주관적이기 때문이다. 정치는 지속되지 않는다. 그 정치의 흔적을 담고 있는 사건에 대한 기억이 남을 뿐이다. 이 기억이 체제를 만들어 내는 것이다.

이 변증법의 회로를 따라가는 것은 개인에게 벅찬 일이다. 중요한 것은 정치가 만들어 낸 사건의 진리다. 그 진리에 대해 끊임없이 이야기하는 서사의 과정이 개인을 개인에 머무르게 하지 않는다. 진보란 이렇게 역사의 변화를 믿고, 개인의 차원을 넘어선 집단의 역량을 신뢰하는 것이다. 그러므로 희망버스라는 사건이 발생했을 때, 여기에 대해 이야기하는 것은 진보주의자라면 당연한 일이다. 이 과정에서 희망버스는 비로소 의미를 획득할 것이다.

사건은 스스로 자신을 규정할 수 없다. 자기 자신이 무엇을 하는지 사건의 주역은 알지 못한다. 그는 사건 자체이기 때문에 사건과 소멸할 수 있다. 사건이 개인의 문제일 수 없는 까닭이다. 따라서 과거 촛불과 마찬가지로, 희망버스에 참여한 시민들이 지금 무엇을 하는지 모를 수 있다. 아니 스스로 의미를 규정할 수도 있겠지만, 희망버스는 각자의 마음에 깃든 의미화의 체계를 벗어난 지점에서 새로운 의미를 생산한다. 이것이 희망버스의 본질이다.

희망버스는 '김진숙'이라는 안티고네에 공감하는 주체들의 출현이다. 안티고네가 누구인가? 두 오빠 중에서 에테오클레스만을 장례 치르도록 허락한 왕 크레온의 명령을 어긴 오이디푸스의 딸이다. 들에 버려진 폴리네이케스의 주검을 거둬 장례를 치른 그의 행위는 실정법을 어긴 자연법의 상징으로, 양심과 법의 명령 사이에서 전자의 편을 든 까닭에 처형당한 존재다. 우리 시대의 안티고네로서 김진숙이 전하는 메시지는 간단하다. 그 메시지의 내용이 아니라 형식에 주목해서 본다면, 그가 보여준 것은 김대호나 김기원이 강변하는 그 문제의 자본주의라는 실정법에 대한 항의다.

이런 행위는 확실히 비현실적으로 보인다. 비현실성으로 인해 안티고네라는 존재는 정치성을 획득한다. 양심은 현실에 대한 비판을 만들어 내는 내면의 목소리다. 이 내면으로 인해 인간은 현실에 대한 거리를 확보할 수 있다. 이성의 오용에 대한 칸트의 비판은 이를 통해 가능하다. 권력을 쥔 당사자들은 종종 사익과 공익을 제대로 구분하지 않는다. 박정희나 카다피 같은 독재자에게서 발견할 수 있는 양상이다. 이럴 경우 권력의 자장을 벗어날 수 있는 방법 중 하나가 바로 실정법과 다른 법의 명령을 따르는 것, 바로 안티고네의 삶이다.

한국사회는 민주화 과정을 겪으며 실질적으로 독재권력을 퇴진시켰지만, 이 과정에서 신자유주의를 종교화하는 경제주의를 상징적 아버지로 받아들였다. 이른바 '먹고사니즘'이 실정법으로 작동하기 시작한 것이다. 모든 사안의 핵심은 먹고사는 문제를 해결할 수 있어야 가치 있는 것으로 받아들여졌다. 여기에서 먹고산다는 것은 '경제'라는 일반 개념을 한국적 맥락에서 재정의한 것이다. 이 개념은 지금 서구에서 통용되는 것과 달리 그리스에서 태동한 최초의 의미, '개인의 살림살이'라는 뜻에 더 가까워 보인다.

먹고사니즘이 보수의 전매특허가 아니라는 것은 특기할 사항이다. 한국사회에서 먹고사니즘은 보수와 진보의 진영 구도를 넘어선 차원에서 영향력을 발휘하는 이데올로기다. 국가에 세금을 더 내는 것보다, 내 재산을 더 축적하는 것이 먹고사는 일에 효율적이라고 생각한다. 먹고사는 문제를 최우선으로 놓는 경향은 정치를 쓸모없는 행위로 치부하는 입장을 낳은 배경이기도 하다. 정치는 먹고사는 문제와 관계없는 이념의 대립이기 때문이다. 이념을 형이상학으로 바라보고 배척하는 것이 한국사회를 지배하는 먹고사니즘이라는 강력한 유물론의 위력이다.

이런 까닭에 먹고사니즘의 당사자이자, 먹고사는 것을 위한 물적 토대를 형성하는 노동자가 자신의 목소리를 낸다는 것은 말 그대로 경이로운 일이다. 〈혹성탈출: 진화의 시작〉에서 시저의 존재감을 부각시킨 것은 "아니야"라는 '주장'이다. 원숭이라는 존재규정을 벗어나는 계기는 이처럼 평등·자유에 대한 주장을 통해 주어진다. 이 주장이 곧 주체화 과정이고, 이를 통해 사물은 인격을 부여받는다. 이렇게 사물은 항상 인격화해서 인식의 영역으로 들어온다. 최근 한진중공업과 희망버스의 현장을 담아서 출간한 화보집의 제목이 《사람을 보라》인 것은 그래서 의미심장하다.

자본주의 경제체제에서 노동자가 자신을 사물과 동일시하게 된다는 사실에 대해 최초로 지적한 이론가는 루카치였다. 이런 현상을 루카치는 '물화'라는 개념으로 설명했다. 이는 '소외' 개념과 밀접하게 관련을 맺는다. 자신이 만들어낸 생산물을 향유할 수 없다는 사실에서 노동자는 이 세계를 만들어 내는 장본인이면서 동시에 이 세계와 자신을 무관하게 생각한다. 그러나 이 과정은 할리우드 영화에서 종종 목격하는 자유주의자의 상상과 달리, 그렇게 비극적이지는 않다. 노동자가 이 물화를 통해 자본주의에 대한 객관적 인식을 얻게 된다는 것이 루카치의 견해다.

이 객관적 인식이 그냥 인식 차원에 머물러 있을 때 상황은 복잡해진다. 한국사회를 지배하는 먹고사니즘이 바로 그렇다. 인식 차원에 머문 물화의 존재감은 냉소주의나 허무주의로 흘러서 결국 노동자의 권리를 주장하는 정치를 억압하는 기제로 작용한다. 한국사회에 만연한 탈정치성은 이런 문제와 깊은 관련성을 맺고 있다. 객관적 인식과 조우하는 주체의 차원이 이 지점에서 절실한 것이다.

희망버스는 객관적 인식이라는 관점에서 본다면, 아무런 해결책을 만들어 낼 수 없는 과잉의 정치일 수 있다. 그러나 이 과정은 '국가'에 대한 대책 없는 자기주장이라는 측면에서 '순수 정치'로서 의미를 가진다. 이것이야말로 정치적 국면의 본질이라는 사실을 한국사회는 너무 오랫동안 잊고 있었다. 정당정치는 정치를 만들어 내는 것이 아니라 정치공학을 유지할 뿐이다. 정치는 근본적으로 질서를 해체하는 상황이다. 그러나 대의민주주의는 이 상황을 언제나 정치공학이라는 위계질서에 묶어두려고 한다.

정치공학의 위계질서에서 노동자는 보이지 않는 존재다. 과거에 권력이 노동자를 '근로자'라는 개념으로 전유하면서 '열심히 일하지 않는 존재'와 노동자를 동일시하게 만드는 이데올로기를 주입했다면, 지금은 노동자 스스로 '노는 존재'를 나쁘게 생각하게 되었다. 위계화는 거기에 적합한 삶의 양식을 강요한다. 한국사회를 유지하는 질서에서 노동자는 시민으로서 자신의 자리를 허락받지 못한다. 이런 현실에서 노동자는 존재하지만 나타날 수 없다. 쌍용자동차 해고 사태가 보여주는 것이 이런 진실이다.

쌍용자동차는 협상으로는 노동자 문제를 해결할 수 없다는 사실을 보여줬다. 쌍용자동차 노동자들이 요구한 것은 사회의 일원으로 받아들여질 수 있는 '시민' 자리였다. 그러나 평등한 권리는 애초부터 허락되지 않았다. 비단 이런 현실은 쌍용자동차 해고노동자에게 국한되지 않는다. 모든 노동자에게 근로자가 아닌 시민의 권리는 낯선 것이다. 이런 까닭에 한국의 노동자는 자신의 자식을 노동자로 키우고 싶어하지 않는다. 일부에서 대기업 노조의 연봉을 거론하면서 '귀족노조' 운운한 것은 노동자의 처지를 제대로 살피지 않은 결과일 뿐이다. 아무리 연봉이 높아도 보이지 않는 존재인 노동자의 삶이 사회에서 의미화할 수 없다는 사실이 중요하다.

노동자가 파업할 때, 이에 반감을 드러내는 이른바 '도시 중간계급'의 태도는 사물의 질서를 위반하는 소란에 대한 경계이다. 노동자가 자기주장을 굽히지 않을 때, 지금까지 한국사회는 공감을 보내기보다 공격성을 드러냈다. 이런 그간의 정황에서 희망버스 출현은 놀라운 반전이라고 할 수 있다. 소셜네트워크의 구축은 공감을 빠르게 확산했고, 그동안 정치의 지점을 찾아내지 못한 삶의 영역이 복원되기 시작했다. 과거 서구사회에서 커피숍이나 독서클럽이 했던 역할을 한국의 소셜네트워크가 하는 것이라고 볼 수 있다.

희망버스는 단순하지 않다. 노동운동 의제에 대한 공감과 김진숙이라는 개인의 의미화가 겹쳐 있다. 김진숙에 대한 인도주의적 지지와 연대가 희망버스를 만들어낸 원동력인 것은 부정할 수 없다. 확실히 과거의 사례에서 찾아볼 수 없던 일이다. 쌍용자동차 파업이나 서울 용산 참사에서 '시민 연대'가 참으로 미미했다는 사실을 환기할 필요가 있다. 갑자기 시민들이 달라진 걸까? 일부는 그렇게 추측한다. 그러나 그 근거를 찾기 어렵다. 일부는 좀더 나아가서, 우연이긴 하지만, 노동운동의 의제 설정이 김진숙이라는 계기를 통해 알려졌기 때문이라고 말한다. 물론 틀린 말은 아니다. 그러나 여기에서도 중요한 것은 노동운동의 의제 설정이었다기보다, 김진숙이라는 독특한 개인의 존재다. 공감의 대상이 김진숙이 아니었다면, 가능한 일이 아니었다는 것이다.

희망버스의 성공을 계기로 비슷한 일들을 기획하고 추진할 수 있겠지만, 모두 성공적일 것이라고 장담하긴 어렵다. 김진숙이 공감을 이끌어낸 원인 중 하나로 '소셜테이너' 김여진 씨의 공헌도 무시할 수 없다. 그러나 소셜테이너가 개입한다고 모든 의제가 지원과 연대를 이끌어낼 수 있을 것이라는 생각은 순진하다.

소셜테이너가 보여준 것은 대의민주주의로 환원할 수 없는 정치적인
것이다. 정치적인 것은 기존 관점에서 본다면 정치라고 명명할 수
없는 주장이 분출되는 것을 뜻한다. 이런 맥락에서 희망버스는
대의민주주의의 위기를 보여주는 현상이다.

희망버스는 정치적 상황이라는 사실에 주목해야 한다. 이 상황을
열어 낸 계기는 김진숙과 김여진, 그리고 송경동 같은 특이한
주체들이다. 중요한 것은 정치적 상황을 촉발시킨 주체화이지, 이
상황의 결과가 아니다. 해결책은 기성 정치인이나 노조 집행부,
그리고 기업인이 이 정치를 관리하기 위해 만들어 내는 것이다.
정치와 그에 대한 해결책은 서로 불가분의 관계를 이룬다. 정치가
밀고 간 자리만큼 합리성의 경계가 확장되는 것이다. 이때 필요한
것은 기존의 합리성에 파열을 내는 정치의 출현이다.

희망버스에서 정치가 발생하는 지점은 바로 노동자가 시민으로
자기주장을 한다는 사실이다. '노동자도 사람이다'는 주장에서 한층
더 발전한 것이 바로 '노동자도 시민이다'일 것이다. 시민의 권리를
주장하는 노동자는 쌍용자동차 투쟁 이후 낯선 것이 아니다. 생산에
종속된 노동력이라는 사물의 자리에서 시민이라는 주권의 자리로
이동하는 과정이 '노동자도 시민이다'는 주장에 담겨 있다. 김진숙과
희망버스는 이 주장을 인준받기 위한 투쟁이다. 희망버스가 객관적
조건의 구속을 넘어가는 것이 이 지점이다. 여기에서 희망버스는
기존 정치를 넘어서 새로운 정치의 '희망'을 드러냈다.

안철수 신드롬

안철수 신드롬을 어떻게 봐야 할까? 숱하게 쏟아진 정치 공학적 논평들이 놓치고 있는 지점이 있다. 무엇보다도 이 신드롬의 원인은 정치개혁에 대한 요청이다. 한국사회에서 정치개혁이라는 말은 곧 기성 정당정치에 대한 불만을 암시한다. 일부의 진단과 달리, 이런 불만은 한국의 정치제도가 후진적이기 때문이 아니라 민주주의라는 형식에 내장되어 있는 모순 때문에 발생한다.

모든 민주주의는 실질적으로 과두제이고, 그러므로 소수가 다수를 대변하는 '재현'일 수밖에 없다. 이런 까닭에 정당이라는 '재현의 제도'는 끊임없이 '재현'되지 않는 것으로부터 개혁을 요청받는다. 이런 갈등의 구조야말로 민주주의의 본질이고, 정치를 지속시키는 원인이다. 따라서 한국사회에 만연한 정당정치에 대한 혐오는 민주주의의 원리로 인한 적절한 현상이지 정치 자체에 대한 거부가 아니다.

정당은 정당 밖의 정치를 비춰주는 거울이다. 문제는 한국사회에서 여야를 막론하고 정당이 이런 역할을 제대로 하지 못한다는 사실이다. 정당정치로 모든 정치가 수렴되지 않는 것은 그러므로 원인이라기보다 결과인 것이다. 우파 정치인들은 이런 정당정치의 약점을 이용해서 손쉽게 정치적 입지를 유지해 왔다. 성희롱 발언으로 파문을 일으켰던 강용석 의원 제명을 둘러싼 정치인들의 야합이 진실을 노골적으로 보여줬다고 할 수 있다.

안철수 신드롬의 배경은 정치와 경제를 분리해 전자를 쓸모없는 과잉으로 비난해 온 우파 정치의 이데올로기이다. 아이러니하지만, 정치인이 아니라 행정가를 선출해야 한다거나, 일만 잘한다면 부정부패 따위는 상관없다고 주장해온 정부 여당의 프로파간다가 안철수 신드롬을 불러온 원인 중 하나다. 노무현 정부의 '정치'를 거부하고, 이명박 정부의 '실용'을 선택한 지난 대선의 기조는 전혀 바뀌지 않았다. 물론 여기에서 이명박 정부가 기치로 내걸었던 '실용'이라는 개념은 '일 잘하는 행정가'라는 실천적 내용을 지니고 있었다.

그러나 이명박 정부는 이런 기대를 보기 좋게 배반했다. 일을 잘할 것이라고 기대한 정부가 일을 잘 못하니 당연히 돌아오는 반응은 '무능'이라는 평가이다. 한마디로 지금 현재 목격할 수 있는 반이명박 정서의 핵심에 잠복해 있는 것은 무능한 정부에 대한 혐오인 것이다. 이런 정서가 때로 정치에 대한 혐오처럼 보이기도 하지만, 오히려 그 본심은 '유능한 정부'에 대한 요구이다.

기성 정당정치의 관점에서 본다면, 안철수 신드롬은 정부 여당에 유리한 것처럼 보이지만, 사정을 알고 나면 반드시 그렇다고 말하기 어렵다. 안철수 신드롬이 현실정치로 성공적으로 진입해서 정치개혁 세력을 결집할 수 있다면, 가장 위기에 빠질 수밖에 없는 것은 박근혜 대세론이다. 박근혜 대세론을 떠받치고 있던 '비정치인'의 이미지는 변별성을 가지기 어렵고, 안철수라는 개인을 압도할 수 있는 능력을 보여주기도 쉽지 않을 것이다.

주목해야 할 것은 '무능한 이명박'을 대체할 대안으로 '유능한 안철수'가 호명되고 있다는 사실이다. 큰 그림을 놓고 본다면, 이 상황은 지금까지 한국사회에서 이념지형도를 구성해 왔던 '정상국가'에 대한 진보의 요청과 '선진국'에 대한 보수의 요구가 서로 만나는 지점을 보여주는 것일지도 모른다. 이것을 합리적 보수와 성찰적 진보의 만남이라고 말할 수도 있겠지만, 이명박 정부가 초래한 위기를 관리하기 위한 보수주의의 재편이라는 관점에서 안철수 신드롬을 본다면, 새로운 진보에 대한 고민이 이제 시작되어야 한다는 당위도 새삼 확인할 수 있다.

곽노현을 둘러싼 논란,
진실은 무엇이었나

안철수 신드롬에 묻혀 곽노현은 존재감을 잃어버린 것처럼 보였다. 게다가 진보개혁 세력 내에서도 곽노현의 '증여 행위'에 대한 의견이 분분해서 전선을 형성하지 못했던 것 같다. 손학규를 비롯한 야권인사들은 초기에 '즉각 사퇴' 운운하면서 곽노현 사건을 정치공학의 이해관계에서 바라봤을 뿐이다. '순수한 마음'을 강변한 곽 교육감의 진심은 대중의 지지를 받지 못했다. 추석을 맞이해서 실시한 여론조사에서도 곽 교육감이 사퇴해야 한다는 의견이 52.8%에 달했고, 여론의 향배에 민감한 검찰은 잽싸게 곽 교육감을 구속수사함으로써 이런 여론에 화답하는 촌극을 펼쳤다.

그러나 실제로 곽 교육감 사건은 크게 흥행할 수 없는 태생적 한계를 가졌다. 안철수 신드롬이 확인시키듯이, 곽 교육감 사건을 검찰이 발표했을 때, 그 반응은 상당수 '정치인의 문제 일반'에 대한 것에 가까웠기 때문이다. "혹시나 했는데, 역시나 그렇다"는 반응 이상이 아니었던 것이다. 물이 위에서 아래로 흐른다는 필연성을 새삼스럽게 재발견할 필요는 없다고 '국민들'은 생각했는지도 모른다. 검찰은 왜 이런 일을 벌였던 걸까? 검찰이 세간의 평처럼 떡검이나 섹검이라서 그런 걸까? 그러나 검찰의 행태에서 드러나는 이런 측면은 징후적인 것이지, 원인이라고 말하기 어렵다. 금태섭 변호사가 초기에 곽 교육감을 비판하고 나선 것이 단순한 개인적 오판은 아니었던 것이다.

검찰이 곽 교육감을 '표적 수사'했다고 의심할 수 있겠지만, 동시에 왜 하필이면 곽 교육감을 겨냥했는지 묻는다면 별로 할 말은 없다. 거기에 곽 교육감이 박명기 후보에게 돈을 준 '사실'이 있었다고 말할 수밖에 없는 것이다. 검찰의 '본심'을 파악하는 것은 독심술에 가까우니 일단 논외로 치겠다. 문제는 검찰의 행동에서 드러나는 어떤 효과이다. 오히려 검찰은 오세훈 전 시장의 '과잉'에서 촉발된 정치를 관리하기 위해 곽 교육감 사건을 밀고 가는 것처럼 보였다. 치안의 기능으로서 검찰을 자리매김함으로써, 검찰의 존재감을 부각시키고자 한 것이다. 신자유주의 이데올로기의 세례 이후에 자연스럽게 '사적인 것'으로 받아들여지는 경제로부터 '공적인 것'(정치)을 분리시키기 위한 통치의 기술이 여기에서 작동한다. 물론 이 통치는 일방적으로 이명박 정부의 것이라고 말할 수 없다.

신자유주의의 자기통치, 또는 자기계발 이데올로기로 인해 사적인 것을 옹호하고 공적인 것을 경멸하는 사회 일반의 분위기가 검찰에게 힘을 실어주는 결정적인 요소라는 사실을 간과할 수 없다. 니콜라스 로즈 같은 이들이 강조하는 통치론에서 중요한 것은 자발적이고 능동적인 자기통치를 촉구하는 감시와 평가의 시스템이다. 타율에 근거한 자율이라는 이 아이러니는 자기 실현을 위한 '멘토'의 존재를 갈구하는 젊은 세대의 모습으로 현신하고 있다. 그 무엇보다도 자기통치에 필요한 것은 도전 정신으로 치장되는 '기업가 정신'이다. 이런 정신은 한때 인기를 끌었던 개그콘서트의 〈마빡이〉에서 선명하게 드러나듯, 근면성실을 모토로 내세우는 근대적 노동에 대한 혐오나 조롱으로 나타난다.

기업가 정신은 '생산하는' 노동보다 '창조하는' 행위에 더 방점을 찍는다. 독창적이고 우발적 상황에 현명하게 대처하며, 기성 조직의 경직성을 뛰어넘는 유연한 네트워크의 구성이라는 중요한 삶의 지표가 여기에서 솟아오른다. 이 정점에서 나타난 상상적 이미지가 안철수였다면, 기업가 정신을 자기통치의 기조로 삼고 있는 이들에게 곽노현은 자기 한 몸 제대로 챙기지 못하고 '공적인 것'에 의존할 수밖에 없는 '루저들'을 옹호하는 덜떨어진 꼰대처럼 보였을 것이다. 진보진영에서 내세운 전면무상급식은 신자유주의의 자기통치 이데올로기를 받아들인 우파들에게 스스로 생활을 보장할 수 없는 '문제 가정'을 문제없는 가정과 뒤섞어버리는 무책임한 행동처럼 비쳐졌다고 하겠다. 윌리엄 코널리가 지적하는 것처럼, 공적 사회보장제도에 생존을 내맡긴 '공적 가족'은 실제로 '파탄난 가족'의 다른 표현일 뿐이라는 사실을 상기할 필요가 있다.

이런 까닭에 곽노현에 대한 검찰의 수사와 안철수 신드롬은 상호 충돌하지 않는다. 안철수에 대한 지지가 높을수록 곽 교육감은 검찰에서 '구속 수사'를 받아야 했던 것이다. 이건 검찰의 의도라기보다, 여론에 좌지우지되는 검찰의 본성이다. 곽 교육감이 고전적 자유주의의 가치로 복귀하려는 것이라면, 안철수 신드롬은 현재진행 중인 신자유주의의 가치를 대변한다. 따라서 본질적으로 이 사안은 곽노현과 안철수라는 개인 대 개인의 문제가 아니라, 곽노현이라는 개인의 자유주의와 자기통치의 욕망을 동력으로 삼는 안철수 신드롬의 대립이다. 기본적인 자유를 보장하기 위해 사회적 자원을 동원해야 한다는 곽노현의 가치관을 옹호해야 하는 까닭이다.

반값 등록금

반값 등록금 문제는 대학생의 개별 이해관계를 사회적인 이해관계로 쟁점화할 수 있는 중요한 의제이다. '요구'하는 순간, 요구하는 쪽에서 일단 절반은 명분을 먹고 들어갈 수밖에 없는 사안이라는 것이다. 그러나 이 문제는 겉보기보다 복잡한 속내를 감추고 있는 것이라서 심층적인 접근이 필요하다.

주의 깊게 살펴봐야 할 것은 반값 등록금을 둘러싸고 벌어지고 있는 정치적 프로파간다의 실체이다. 이 사안에 대해 보수정치인들을 위시한 보수언론까지 일사분란하게 움직이고 있다는 사실에 주목해야 한다. 이 문제에 대해 가장 열심을 냈던 곳은 《중앙일보》였다. 아예 《중앙일보》는 팔을 걷어 부치고 나서서 "1,000만 원 등록금 낮추기 운동"을 벌였다. 정부나 한나라당 역시 반값 등록금 문제를 긍정적으로 검토하는 제스처를 보였다. 정치적 이해관계가 없으면 움직이지 않는 세력들이 왜 이렇게 너도 나도 반값 등록금 문제에 집중력을 발휘했던 것일까? 이 의문을 파고 들어가보면 좀 황당한 진실이 가로놓여 있다.

등록금 인상이 천문학적으로 이루어지게 된 배경은 노무현 정부에서 본격적으로 추진한 '대학개혁'과 무관하지 않다. 단순하게 말하면, 이

개혁은 말 그대로 대처 정부가 추진했던 영국식 대학개혁모델을 그대로 이식해서 '될 대학만 밀어준다'는 신자유주의적인 경영논리로 대학을 지원금이라는 당근과 구조조정이라는 채찍으로 포섭하는 과정이었다. 이 과정에서 공공재로 인식되었던 대학교육은 밑도 끝도 없는 '시장주의'의 원리에 따라서 '상품'으로 간주되기 시작했고, 대학생을 '소비자'로 지칭하는 현상이 자연스러운 경향으로 받아들여졌다. 이와 동시에《중앙일보》의 대학평가가 실시되면서 대학순위를 정하는 치킨게임이 벌어졌다. 아무런 객관적 평가기준도 없이 세간의 '주관적 대학순위에 대한 믿음'을 그대로 베껴놓은 이 '날로 먹는' 대학평가는 노무현 정부의 대학개혁 드라이브와 맞물리면서 순식간에 더럽지만 따를 수밖에 없는 '권위'를 획득했고, 적절한 사회적 합의과정을 거치지도 않은 채 대학의 경쟁력을 표시하는 객관적 데이터로 둔갑했다.

이런 개혁드라이브로 대학은 경쟁에서 살아남기 위한 자구책을 강구할 수밖에 없었다. 말만 '사학'이지, 재정이 부실한 재단으로부터 아무런 지원을 받지 못하는 실정에서, 정부 지원금과 등록금이 없으면 존립하기 어려운 대학들이 부지기수였던 것이다. 이렇게 대책없이 부실사학이 늘어난 건 전적으로 김영삼 정부의 책임인데, 마구잡이로 늘어나서 골칫덩어리가 되어버린 사학을 정리하기 위한 방안으로 '선택과 집중'이라는 전형적인 신자유주의적인 개혁정책이 노무현 정부 시절 힘을 받았던 것이다. 이런 사정에서 대학 정원은 곧 해당 대학의 수입원을 결정하는 문제이기도 했다. 이를 잘 알고 있었던 노무현 정부는 대학 정원과 교육특성화지원금을 틀어쥐고 대학을 '공정한' 경쟁구도로 내모는 구조조정을 단행했다. 희미한 기억을 더듬어서, 이때 얼마나 많은 사학들이 들고 일어나서 노무현 정부 반대 데모를 했는지 상기해 보자. 이른바 '구국집회'라는 명분으로 일부 사학관계자들이 모여서 노무현 정부의 대학개혁에 반대하는 집회를 주도했던 '과거'는 무엇을 의미하는가? 여기에 대해 나는 "우익 이데올로그 조갑제 씨가 고독한 이유"라는 제목으로 글을 쓰기도 했다.

무엇보다도 이렇게 경쟁구도로 내몰린 대학들을 가장 불안하게 만든 것은 출산률 저하에 따른 '학령인구감소'라는 거부할 수 없는 파국의 도래였다. 등록금이 유일한 수입원인 구조에서 입학생의 감소라는 절대적인 현실은 대학의 존립 자체를 위협하는 요인이었다. 이런 배경으로 대학은 미래에 대한 대비라는 명목으로 등록금 수입 일부를 '적립금'으로 비축하는 편법을 선택하기에 이른다. 따라서 이 사안에 대해 대학의 등록금 유용을 도덕적으로 비난하는 수준을 넘어선 구조적인 고찰이 필요한데, 왜냐하면 지금 현재 문제가 되고 있는 고비용 대학교육의 현실은 사학비리를 일소한다는 명분으로 노무현 정부가 도입한 신자유주의적 대학개혁모델에서 기인하는 측면이 크기 때문이다. 일부 나쁜 사학을 정리하기 위해 도입한 시장경쟁주의는 대학교육 전체를 시장논리에 따라 재편하는 결과를 초래할 수밖에 없었다. 목욕물을 버리려다가 아기까지 버린 형국이 벌어진 것이다. 중요한 점은 이런 노무현 정부 시절의 대학개혁정책을 앞장서서 반대한 이들이 지금 이명박 정부를 구성하고 있는 정치세력이다. 게다가 이명박 대통령 자신은 서울시장 재직시 사학법 개정 반대 집회에 공개적으로 지지를 표명하기도 했다. 《데일리안》에 실려 있는 "이명박, 사학법 반대집회 '지원사격'"이라는 기사를 보라.

여하튼 이런 배경에 근거해 판단한다면, 반값 등록금 문제는 정작 등록금을 '반값'으로 인하하는 문제가 아니라는 사실을 깨달을 수 있다. 오히려 '반값 등록금'이라는 기표는 대학교육의 성격에 대한 근본적인 물음을 회피하게 만드는 '소셜 맥거핀'의 성격이 강하다. 대학의 적립금을 풀게 해서 등록금을 낮추도록 만들어야 한다는 주장은 궁극적으로 등록금 문제로 촉발된 정치적인 요구를 시장주의에 근거한 대학구조조정 문제로 환원시키겠다는 의도를 감추고 있는 셈이다. 이주호 장관이 대학구조조정과 등록금 문제를 연계시키겠다고 거듭 천명하는 것은 이 때문이다. 적립금이 아니더라도 대학의 재정문제를 해결할 수 있는 신속하고 효과적인 방법은 많다. 기여입학제도 그중 하나다. 그러나 기여입학제를 강력하게 주장하다간 역풍을 맞을 수 있기 때문에 이 문제는 덮고 넘어가는 분위기이다. 이런 불편한 진실들을 우회해서 적립금 문제와 등록금 문제를 하나로 묶겠다는 것은 무엇을 의미하겠는가? 언젠가 한번 매듭을 지어야 할 대학 구조조정 문제를 '대중의 요구'에 힘입어 해결해보겠다는 뜻일 것이다.

대학을 압박해서 반값 등록금을 실현한다면, 이데올로기적인 측면에서 우파가 얻을 이익은 상당할 것 같다. 일단 대학이라는 공간을 시장의 바깥에 위치시켜야 한다고 주장하는 이들의 명분을 해체할 수 있다. 구조조정이 탄력을 받을 것이기 때문에 센 놈이 모든 것을 다 먹는 독점화가 정당성을 획득할 것이다. SKY와 '인 서울' 대학 몇몇을 제외한 이른바 '지잡대'는 구조조정의 과정에서 모두 정리될 것이고, 대학사회는 급격히 위축될 것이다. 대처리즘을 위시한 신자유주의 이데올로기는 지속적으로 지식인의 본거지인 대학을 무력화시켰는데, 한국의 우파 또한 이런 전략을 아무런 성찰 없이 받아들여왔다. 어떤 것에도 이해관계를 갖지 않는 지식인이라는 중립지대는 이념을 떠나서 그 자체로 신자유주의의 개혁에 이질적인 존재이다. 대학을 기업화해서 얻는 효과는 이렇게 '비(반)시장적인' 지식인 집단을 '무능한 자들'로 낙인 찍어서 지식인이 제기하는 공론을 '쓸모 없는 헛소리'로 각인시키는 것이다. 등록금 문제가 제기될 때마다 대학교수 월급에 대한 시비가 따라붙는 것만 보더라도, 이런 이데올로기적 프로파간다가 어떤 효과를 노린 것인지 짐작할 수 있을 것이다. 정치적 대결구도를 '교수 대 학생'으로 몰고 가는 이와 같은 단세포적인 발상이 여전히 공론장에서 설득력을 발휘하는 것을 보더라도, 대학 등록금을 둘러싼 쟁점이 복잡한 이데올로기 투쟁의 자장에 놓여 있다는 사실을 알 수 있다.

한국사회의 학벌주의를 감안하건대, 우파가 의도하는 대로 대학구조조정이 이루어졌을 때, 그 효과는 반값 등록금을 기대하는 사람들이 생각하는 것과 사뭇 다를 수밖에 없다. 등록금 인하는 말 그대로 임시방편일 뿐이고, 실제로 '될 대학만 밀어주자'는 신자유주의적 이데올로기가 계속 힘을 받게 될 것이다. 서울대 법인화 추진에서도 확인할 수 있듯이, 이 과정은 결국 시장을 평계로 공공재의 성격을 가진 교육을 자본의 논리로 바꿔치기 하는 과정일 뿐이다. 그리고 이 결과는 아마도 대학의 상징자본에 근거한 기업화로 귀결될 공산이 크다. 과연 이게 교육적으로 올바른 해결책일까? 본질적으로 대학은 이윤추구를 목적으로 하는 기업이라고 보기 어렵다. 이렇게 성격이 다른 조직을 기업으로 만드는 것이 과연 교육을 위해서 정당한 일인지 근본적인 성찰이 이 국면에서 필요하다. 등록금 인하 문제로 촉발된 이 정치적인 것의 분출은 궁극적으로 대학교육의 공공성에 대한 재고를 내포한다.

아름다운 교육을 반대하는
참신한 논리

2011년 가을에는 무상급식 논쟁이 뜨거웠다. 겉으로 보기에 이 문제는 이념적 대립처럼 보였지만 자세히 뜯어보면 밖으로 드러나는 것과 다른 숨은 진실을 발견할 수 있다. 무상급식 찬반논쟁에서 대립전선은 "아이들에게 공평하게 밥을 먹이자"는 논리와 "무상급식에 재원을 많이 쓰면 교육예산 배정에 차질이 생긴다"는 논리였다. 팽팽하게 보이는 이 충돌의 논리를 떠받치는 맥락은 '윤리'와 '경제'이다.

무상급식을 반대하는 보수의 논리는 가난한 아이와 부유한 아이에게 동일하게 무상으로 급식하는 것이 '과잉'이라고 주장했다. 한마디로 예산낭비라는 말이다. 재벌 집안에 태어난 아이가 학교에서 무상으로 급식을 받는다는 게 납득하기 어렵다는 대통령의 발언은 이런 논리에 바탕을 두고 나온 것이라고 볼 수 있다. 재미있게도 이런 논리가 전제하고 있는 것은 부자와 가난한 자를 구분하는 차이를 '승인'하고 전자보다 후자에게 더 혜택을 베풀어야 한다는 명제이다. 겉으로 보기에 이런 생각은 무상급식을 찬성하는 쪽의 견해와 크게 다르지 않다.

그런데 왜 이런 대립이 발생하는 것일까? 문제는 '전면' 무상급식과 '부분' 무상급식에 대한 선택에 있다. 지금 진보의 주장은 의무교육

기간에 전면 무상급식을 실시하자는 것이다. 그 이유는 가난한 자에게 혜택을 주겠다는 취지로 실시되고 있는 무상급식이 오히려 가난을 결점으로 인준하는 결과를 초래하고 있기 때문이다. 말하자면 지금 이슈는 무상급식 자체라기보다, 이런 부작용을 해결하기 위한 방책을 어떻게 마련할 것인지에 대한 문제이다.

이렇게 전후사정을 알고 나면, 진보의 주장을 '좌파정책'이라고 비난하는 보수는 번지수를 잘못 찾은 것이 아닐 수 없다. 무상급식 자체를 아예 반대하지는 않는다면 찬성론자들이 제기하는 문제들을 해결할 대책을 내놓으면 그만인데, 반대론자들은 이 문제를 이념적 대립으로 몰고 가서 '정치화'하려는 행태를 보였다. 내세우는 논리는 그럴 듯하다. 가난한 학생들을 위한 정책을 부유한 학생들에게 똑같이 적용하는 것은 낭비라는 입장이다. 이런 주장은 마치 전면무상급식 찬성론자들이 가난한 자의 파이를 부자에게 주자고 고집을 피우는 것처럼 보이게 만든다. 경제와 정치를 분리해서 후자를 끊임없이 쓸모없는 과잉으로 호도했던 평소의 생각을 자가당착에 빠트리는 태도이다. 전면무상급식이 급한 것이 아니라 교육의 질을 높이기 위한 투자가 선행돼야 한다는 주장도 그럴 듯하지만, 그 '질 높은 교육'에 대한 합의가 오직 입시에 매몰되어 있는 곳이 한국사회라는 사실을 감안한다면, 하나마나한 소리이다. 결국 그 질을 높이기 위한 투자가 지금까지 누구의 배를 불려왔는지를 생각해 본다면 답은 명확하다. 아이들에게 밥 한 끼 국가 세금으로 먹이자는 소박한 주장을 '공짜밥'이라는 황당한 수사학으로 비난하는 모습은 도대체 한국의 보수가 누구를 위한 집단인지 여실히 보여준다. 이 세상 어디에도 '공짜'는 없다.

어른들이 공평하게 아이들을 먹이면 아이들도 그렇게 세상을 바라볼 수 있을 것이다. 이 '아름다운 교육'을 위해 가진 사람들이 세금 좀 더 내자는 주장이 이토록 문제가 되었던 곳이 바로 한국이다.

김규항-진중권 논쟁

발단은 김규항이 한겨레에 기고한 "오류와 희망"이라는 칼럼이었다. 이에 대해 진중권은 《씨네21》의 고정칼럼난에 '공식적'으로 반론을 제기했다. 이 중에서 압권이 "유토피아와 좌파 바바리맨"이다.

사실 나는 이 글을 뒤늦게 읽었는데, 반론이라기보다 무슨 선언문 같다는 생각을 했다. 진중권의 글은 일부 '팬'들에게 '감정싸움'처럼 보였던 이 논쟁의 본질을 명확하게 보여주는 것이라는 점에서 진중권 특유의 '정리'가 돋보인다고 할 수 있다. 진중권은 논쟁에서 정리의 의미를 정확하게 꿰뚫고 있는 사람이다. 이 정도에 견줄 만한 사람은 유시민밖에 없지 않을까 싶은데, 여하튼 이로써 김규항은 진중권의 페이스에 말려들었다는 생각이 적잖이 든다. 김규항이 블로그에 게재한 "이상한 나라의 진중권"을 보면 느낌이 더 명확해진다.

물론 페이스에 말려들었다고 김규항이 손해를 보는 것은 아니다. 이 논쟁에서 승자나 패자 구분하기는 기대하기 어렵다. 김규항과 진중권이 대변하는 각각의 입장은 한국사회에 '실존'(Existenz)하는 '한 줌의 좌파'를 규정하는 해묵은 두 가지 태도들을 대변하는

것이기 때문이다. 그래서 논쟁으로 인해 각자 상처를 입긴 하겠지만,
두 사람이 의미 없는 '감정싸움'을 했던 건 아니다.

겉으로 보기에 이 논쟁은 '사회주의 vs. 자유주의'처럼 보이지만,
진중권의 칼럼이 보여주듯, 사실은 '근본주의 vs. 실용주의'이다.
물론 여기에서 근본주의나 실용주의는 종교적이거나 정치적인 것이
아니라 철학적인 맥락에서 그렇다는 것이다. 특히 여기에서 말하는
'실용주의'는 이명박 정부가 내걸고 있는 '중도실용노선'과 전혀
관계가 없다.

김규항은 80년대의 용어법으로 진중권을 '자유주의자'라고
규정했는데, 엄밀히 말하면 진중권의 노선은 사민주의를 지향하면서
방법론적으로 실용주의를 추구하는 것에 가깝다. 아무리 좋은
이념이라도 현실에서 타당성을 갖지 않으면 효과를 발휘할 수
없다는 생각이 그의 주장에 짙게 배어 있다는 점에서 말이다.
여기에 비한다면 김규항은 사회주의라는 원칙에 충실해야
한다는 '믿음'을 강고하게 보여준다는 점에서 근본주의에 가깝다.
근본주의와 실용주의가 싸우면 실용주의가 이긴다. 이것이 역사의
법칙이고, 이런 측면에서 논쟁의 추이는 진중권에게 유리하게 흘러갈
것이다.

그러나 김규항이 제기하는 문제의식이 완전히 잘못되었다고 보기는
어렵다. 다만 나는 '사회주의'라고 고집하는 그의 용어를 '공산주의'로
수정해 주고 싶고, 80년대 사회과학 서적을 벗어나기 위해 참고문헌
목록을 좀 업데이트할 필요가 있다고 본다. 두 사람의 논쟁을 계기로
이른바 한국의 좌파들은 더 이상 '자유주의'라는 용어를 80년대적인
'욕설'로 사용하지 말아야 할 것이다. 지금 한국사회에서 중요한 문제
중 하나가 바로 '근대주의'의 정치기획화이다. 최근 최장집 교수가

자유주의를 재평가하자는 주장을 펼치는 것도 이와 무관하지 않다.
실제로 이 논쟁이 감추고 있는 또 다른 측면이 여기에서 드러난다.

문제는 자유주의라기보다 근대주의이다. 이 근대주의의 정치적
기획은 '정상국가'에 대한 요구로 현실화할 수 있다. 진보정당의
정체성을 둘러싼 문제는 '사민주의 vs. 자유주의'가 아니라
포괄적으로 근대주의의 완성이라는 측면에서 파악하는 것이
타당하다. 이런 점에서 진중권이 주장하는 '시민상식'도 근대주의적
기획에 대한 요청이라고 볼 수 있다. 한국에서 사민주의는
자유주의와 마찬가지로 '근대주의적 정치기획'에 포함될 수 있는
하나의 선택지이다. 사민주의가 오고 사회주의가 오는 것이 아니라,
근대주의적 기획 내에서 자본주의를 극복한 '다른 체제'가 출현할
수 있을 것이다. 태어나지도 않은 아기에게 이름을 먼저 붙이는
부모가 없지 않아 있지만, 모든 새로운 생명은 언제나 '이름' 없이
태어난다는 사실을 명심할 필요가 있다. 이름 붙이기에 열중하는
것보다, 새로운 생명을 위한 산파 노릇을 자임하는 것이 좌파다운
사명이라는 것이 내 생각이다.

SNS 민주주의

한때 기피 대상이었던 진보나 좌파라는 표현이 인기를 끌고, 정치에 대한 관심이 교양의 일부처럼 받아들여지고 있다. 보수였던 이들이 중도로 정치색을 바꾸는 일까지 벌어진다. 이렇게 된 원인으로 많은 이들이 소셜네트워크서비스(SNS)의 존재를 꼽는다. 틀린 지적은 아니다. 정보의 민주화라는 측면에서 새로운 매체가 중요한 역할을 한 것은 사실이기 때문이다.

그러나 어디까지나 SNS는 현실의 일부이지 현실 자체는 아니다. 분명히 현실에 효과를 미치는 것은 사실이지만, SNS가 현실을 대체한다고 보기는 어렵다. 현실은 SNS보다 더 복잡하다. 이렇게 한계를 가진 SNS가 어떻게 현실을 바꿀 수 있을까? 그 까닭은 사회적 역학관계에서 SNS의 원리가 큰 위력을 발휘하기 때문이다. 여론이라는 것은 모든 의견의 총량을 의미하지 않는다. 언제나 주도적인 입장이 여론을 장악하는 것이다.

SNS는 소수의 의견일지라도 공감과 지지를 획득해 가는 방식으로 다수의 여론을 형성할 수 있는 능력을 발휘한다. 이런 원리는 지금까지 존재했던 여론형성의 과정과 크게 다른 것처럼 보이지 않는다. 차이가 있다면, SNS 특유의 폭발력일 것이다. 이 폭발력이 SNS 바깥의 시선을 집중시키고 SNS에서 논의된 이슈를 사회 의제로 설정하게 만든다고 볼 수 있다. 그럼 왜 굳이 SNS가 이런 역할을 하는가 물어볼 수 있겠는데, 아무래도 이는 보수우파의 공적이라고 해야 하겠다.

선진기술을 받아들이는 것을 국가발전의 제일 목표로 삼은 까닭에 한국에서는 너도 나도 새로운 기술이나 기기를 통해 자기 자신의 '선진성'을 뽐내는 것이 자연스럽다. 스마트폰은 젊음의 상징이고, SNS와 관련한 최신용어에 적응하지 못하면 시대에 뒤떨어지는 세대처럼 보인다. 미국의 영향도 컸다. 오바마를 비롯한 저명인사의 트위터에 대한 언론보도도 SNS에 대한 거부감을 없애는 데 한몫을 했다. 마이클 샌델의 《정의란 무엇인가》가 유행을 탔던 것과 동일한 맥락에서, SNS는 한국에서 선진문물을 대변하는 보편 지식으로 받아들여졌다.

흥미롭게도 한국에서 SNS는 '~하다'라는 동사와 결합하는 것을 심심찮게 목격한다. "요즘 SNS하시나요?"라는 말이 낯설지 않다. 이렇듯 SNS 문화가 초래한 문제점을 지적하는 일부 보수언론의 비판도 SNS 기술 자체를 거부할 수 없는 것이다. 일찍부터 인터넷과 SNS를 거짓정보로 대중을 선동하는 괴담의 온상으로 지목해 온 보수언론이지만, 그렇다고 이런 기술에 내재한 비인간성에 대한 근본적인 문제를 제기했다고 보기는 어렵다.

엘리트주의적인 시각에서 SNS를 바라보는 보수언론은 나쁜 SNS와 좋은 SNS를 구분해 낼 수 있다고 착각하지만, 현실은 전혀 그렇지 않다. SNS를 나쁜 것과 좋은 것으로 분리해낼 수 없기 때문에, SNS 활동 자체를 진보나 보수로 규정하려는 시도도 생산적이라고 보기 어렵다. SNS를 지배하는 민주주의는 산업사회의 원리를 구현하는 방식과 같다고 할 수 있다. 이 민주주의가 바로 '소비자 민주주의'이다. 소비자의 주권을 주장하는 민주주의는 자본주의의 산물이다. 이른바 후기자본주의라고 불리기도 하는 현재의 자본주의가 문화자본주의로 전환된 까닭도 이런 소비자 민주주의의 개화와 무관하지 않다.

이런 까닭에 SNS가 현재 한국사회 변화를 보여주는 하나의 현상인 것은 확연하지만, 그 영향력을 긍정하는 것만으로는 미래의 문제가 해결되지 않는다. 우리에게 중요한 것은 이 현상에서 '소비자'의 의미를 해체하고, '민주주의'의 의미를 확대 강화하려는 노력이다.

문화에서 정치를 읽다

소셜테이너

'에이드 셀러브리티'는 기아와 질병에 시달리는 아프리카 같은 제3세계 빈국을 후원하는 연예인들을 지칭하는 말이다. 아프리카의 에이즈 퇴치를 돕기 위해 몇몇 인기가수와 배우가 힘을 모은 것에서 유래했다. 대표적인 '에이드 셀러브리티'가 바로 아일랜드 록밴드 U2의 보컬리스트 출신 보노이다. 보노는 세계 빈곤문제를 해결하기 위한 다보스 포럼에 초청을 받고, 세계 유력 지도자들과 면담을 가질 정도로 영향력 있는 '활동가'로 대접을 받고 있다.

'에이드 셀러브리티'는 기업의 이윤추구와 인도주의적 활동을 결합시킨 대표적인 사례라고 할 수 있다. 찬반양론이 만만치 않게 부딪히고 있긴 하지만, 선진자본주의 국가에서 제3세계 문제를 자신의 소비행위와 연결시키는 '착한 소비자 운동'을 추동시킨 중요한 원동력 중 하나였다. 에이즈 퇴치에서 가난한 커피재배 농가를 구제하기 위한 운동 등 다양한 길을 열어줬던 것이다. 우리에게 잘 알려진 안젤리나 졸리 같은 할리우드 여배우들의 자선활동도 이런 '에이드 셀러브리티'로 촉발된 운동에서 크게 영향을 받은 것이라 할 수 있다.

그동안 이렇게 사회문제에 적극적으로 참여하는 연예인을
한국에서 찾아보기란 쉽지 않았다. 물론 일부 연예인들이 '에이드
셀러브리티'의 이미지를 모방해서 아프리카 기근 현장을 찾아 광고를
찍거나 예능 프로그램을 촬영한 경우는 있었지만, 어디까지나
기획에 의한 것이었지 연예인 자신의 자발성에 근거했다고 보기는
어렵다. 그런데 최근들어 변화의 조짐이 속속 등장하기 시작했다.
한국판 '에이드 셀러브리티'라고 불릴 만한 연예인들이 눈길을 끌고
있는 것이다.

이른바 '소셜테이너'라고 불리는 일군의 연예인들이 그들이다.
보노나 졸리처럼, 빈곤퇴치 같은 세계적인 활동을 펼치는 것은
아니지만, 자신의 인기를 사회적인 문제에 개입하기 위해 사용한다는
점에서 이들을 '에이드 셀러브리티'의 범주에 포함시킬 수 있겠다.
그러나 한국판 '에이드 셀러브리티'에게 쏟아지는 시선은 그렇게
호의적이지만은 않은 것 같다. 특히 반값 등록금 문제나 한진중공업
파업에 대해 적극적으로 의견을 개진하고 행동에 나섰던 배우
김여진 씨에 대한 일부의 모욕행위는 평소 한국사회에서 연예인들이
어떤 처지에 놓여 있는지를 알 수 있게 해주는 리트머스 시험지
같은 사건이다.

한국사회에서 연예인은 인형에 가깝기 때문에 뚜렷하게 자신의
입장을 밝히는 것 자체가 반갑지 않게 받아들여진다. 사회적인
문제에 대해 연예인들이 적극적으로 발언하는 것을 환영하는 대중들
못지않게 이 자체를 불쾌하게 여기는 대중들이 많을 수밖에 없다는
소리다. 게다가 여전히 낡아빠진 냉전이데올로기에 근거한 편가르기
논리가 우파의 가치관을 구성하는 중요한 요소로 작동하고 있는
마당에 '에이드 셀러브리티' 같은 존재가치를 한국의 연예인들이
선뜻 추구하기는 어렵다. 기껏해야 자선기금이나 기부금을 내놓는

것이 고작이었다고 할 수 있다. 이 정도만 해도 '훌륭한 연예인'이라고 칭송받을 수 있는 것이다.

한진중공업 파업현장을 찾은 김여진 씨처럼 적극적으로 문제해결을 도모하려는 순간, 국가권력이 직접 나서서 그 연예인의 인기를 차단하려 드는 곳이 한국이다. 한국판 '에이드 셀러브리티'가 제대로 성숙하지 못하는 까닭이다. 연예인의 인도주의마저 깃들 공간이 없다면, 정치는 어디에서 숨을 쉴 수 있겠는가. 한국이 '선진국'으로 진입하기 위해 갈 길이 멀다는 이야기다.

한국 정치는 예능이다

〈슈퍼스타K〉의 뒤를 이은 이른바 오디션 프로그램이 여전히 시청자들의 주목을 받고 있다. 참가자들이 심사위원 앞에서 자신들의 노래실력을 평가받고 가수로 데뷔할 수 있을지를 가늠하는 것이 이런 프로그램의 특징이라고 하겠다. 모든 문화형식이 그렇듯 그냥 지나칠 수도 있는 유행의 일단이지만, 이 현상을 자세히 뜯어보면 무심히 보고 넘기기 어려운 의미들이 담겨 있다.

그렇다면 왜 지금 오디션 프로그램이 인기를 끄는 것일까. 대중의 취향은 독창적이라기보다 해당 사회의 구조에 종속되기 마련이다. 이 구조는 정치와 경제 그리고 문화를 통해 복합적으로 형성되는 특정한 인식체계이자 물질재생산의 토대이다. 이런 까닭에 대중의 선호가 바뀐다는 것은 그 사회 구조에 중대한 변화가 초래되고 있다는 사실을 암시하는 것이다. 대중의 취향을 분석하는 작업이 단순한 호사취미에 그칠 수 없는 이유이다.

오디션 프로그램을 비롯한 이른바 '예능'은 한국사회에서 대중이 무엇을 원하고 무엇에 즐거워하는지를 잘 보여준다. 〈1박2일〉은 '인기'라는 것이 어떻게 목표 달성을 위한 수단으로 작용하는지를 증명하고,

〈무한도전〉은 경쟁에서 밀려난 '루저들'이 삶을 지속시킬 수 있는 생존의 기술을 보여준다. 〈강심장〉은 출연자들의 사연들을 서로 비교함으로써, 선의의 경쟁이 미덕으로 작용할 수 있는 가능성을 제시한다.

흥미롭게도 예능 프로그램이 본의 아니게 보여주는 것은 궁극적으로 '정치의 소거'이다. 아무리 격렬하게 보여도 프로그램 참가자들의 '경쟁'은 설정된 목표를 달성하기 위한 유쾌한 게임에 불과하다. 치열한 현실의 갈등을 판타지로 만들어서 위안을 제공하는 전략이 주효한 것이다. 옥신각신하는 바보들의 다툼이나, 화려한 연예인의 후광 너머에 감춰져 있던 사연의 세계를 확인하면서 시청자들은 자신의 삶을 돌아보고 가혹한 노동의 세계를 잠시 잊을 수 있다.

생각해 볼 문제는 이처럼 탈현실화의 효과를 발휘하는 예능의 논리가 텔레비전 수상기 안에 머무는 것이 아니라, 정치의 영역을 비롯한 현실원리로 작동한다는 사실에 있을 것이다. 예를 들어, 한 여론조사기관이 발표한 내용 가운데 박근혜 전 대표를 지지하는 이유 중 하나로 '여성 대통령이 나올 때가 되어서'라는 대답이 그렇다.

결과만을 놓고 건성으로 들으면, 한국의 유권자들이 갑자기 페미니스트들이라도 된 것처럼 보일지도 모른다. 그러나 이런 판단은 사태를 너무 단순하게 파악하는 우를 범하는 일일 것이다. 결론적으로 말하자면, 여성 대통령이 나와야 하기에 박근혜 전 대표를 지지한다는 말은 전혀 정치적인 함의를 담고 있지 않다. 왜 그런가. 답은 간단하다. 한국의 유권자 대다수는 지금 한국사회에 닥친 문제들이 '남성 대통령' 때문에 발생했다고 생각하지 않을 것이기 때문이다. 남성 대 여성이라는 전선은 전혀 정치적인 갈등을 만들어내지 못한다. 이런 이유에서 결국 박근혜 전 대표에 대한 지지는 탈정치성의 연장선에 있다고 보는 것이 타당하다.

정치를 통해 현시하는 갈등을 불편하게 여기고, 예능 프로그램처럼 현실도 해피 엔딩으로 끝나기를 바라는 정서가 여기에 깔려 있다. 우스개 같은 소리이지만, 한국에서 정치는 예능이다. 국회는 〈강심장〉, 선거유세는 〈무릎팍도사〉 같다. 대통령 선거가 〈슈퍼스타K〉처럼 '스타'를 뽑는 게임으로 받아들여지는 현실이야말로, 한국에서 작동하는 민주주의의 실상을 정확하게 보여주는 거울일 것이다.

남자의 자격

2011년 관심을 끌었던 예능 프로그램 중에 〈남자의 자격〉 합창단 편이 있었다. 마지막 방송을 본 뒤 많은 시청자들은 감동적인 대단원에 대해 이야기꽃을 피웠다. 오합지졸에 가까웠던 불협화음의 합창단을 훌륭하게 지도해서 완벽한 조화를 연출한 박칼린에 대한 칭송도 뜨거웠다. 그의 리더십에 대한 발 빠른 입담들도 여기저기에서 들을 수 있었다.

최근 예능 프로그램의 두드러진 특징은 시간 남는 선남선녀나 '아저씨들'이 모여서 농담이나 하던 방식에서 열정과 노력을 통해 목표를 성취해 감동을 선사하는 방식으로 방향전환이 일어났다는 것이다. 이런 변화는 특정하다기보다, 거의 모든 예능 프로그램에서 확인할 수 있다는 점에서 주목할 만하다.

〈무한도전〉 역시 봅슬레이와 프로레슬링에 도전함으로써 일찌감치 이런 경향을 주도했다는 것을 상기할 필요가 있다. 표면적으로 생각한다면, 이들 프로그램에서 시청자들이 감동을 느끼는 까닭은 '사연의 세계'를 창조했기 때문일 것이다. 〈강심장〉 같은 프로그램에서 십대 아이돌이 나와서 고생스러웠던 '옛얘기'를 하는 것도 이와 무관하지 않다. 〈강심장〉이 과거사에 대한 것이라면, 〈무한도전〉과 〈남자의 자격〉이 보여주는 것은 지금 현재 참가자들이 만들어가는 '새로운 사연'이다.

도대체 이런 사연은 무엇일까? 한국사회에서 사연의 창조는 곧 세계의 형상화를 의미한다. 누구나 참여할 수 있는 사연의 세계는 민주주의의 원리이기도 하다. 사연은 기성의 질서를 통해 만들어진 위계를 재구성하고 세계에 대한 앎을 다르게 배치한다. 예를 들어서, 〈남자의 자격〉에서 박칼린을 중심으로 만들어진 사연은 사회 현실에 대한 비판적 거리를 사연의 주체들에게 확보해 준다.

서사를 만들어 내는 것은 이런 맥락에서 중요하다. 묘사는 이런 서사를 만들어 낼 수 없을 때 발생하는데, 지금까지 예능 프로그램은 묘사에 치중했지 서사에 별반 관심을 기울이지 않았다. 그러나 어려워진 경제 현실과 계급상승에 대한 희망의 상실은 현실을 묘사하기에 급급한 예능 프로그램에 대한 공감을 쇠퇴하게 만들었다고 하겠다. 실제로 〈무한도전〉이나 〈남자의 자격〉 같은 형식이 예능 프로그램의 주종을 이루게 된 까닭은 열악한 한국의 방송제작 환경 때문이다. 상대적으로 값싼 제작비로 비슷비슷한 프로그램들을 대량생산할 수 있다는 점에서 순식간에 엔터테인먼트의 효자 종목으로 부상했던 것이다. 그러나 이른바 청년실업과 4,000원 인생으로 대표되는 '불안정한 삶'의 사회는 예능 프로그램 조차도 마음 편히 즐길 수 없는 현실을 만들어 낼 수밖에 없다. 하루벌이에 쫓기는 서민들에게 예능 프로그램 은 '놀면서 돈 버는' 계급에 대한 재현 이상도 이하도 아니다.

대중의 욕망을 비추는 거울이라고 할 수 있는 대중문화가 이런 변화를 눈치채지 않을 수는 없다. 더 이상 농담하며 소일하는 '잉여인간'을 마음 편하게 보여줄 수 없게 된 것이다. 그만큼 현실이 심각해졌기에, 이 프로그램들은 '예능감'에 충만했던 과거의 과장법을 버리고, 리얼리티 TV 형식을 채택할 수밖에 없게 된다. 과연 이런 변화는 무엇을 암시할까? 한국사회가 이제 중요한 분기점에 와 있다는 뜻이 아니겠는가. 지금처럼 '쥐들의 경쟁'만을 추구하는 방식으로 삶을 지탱할 수 없다는 공감이 서서히 일어나고 있는 중이라고 한다면 너무 섣부른 판단일까.

도가니 현상

'도가니 현상'은 무엇을 말해줄까? 일부의 진단처럼, 이 현상이 사회문제에 대한 시민들의 각성을 의미한다고 말할 수도 있을 것이다. 그러나 그 각성이 왜 일어난 것인지 되짚어 볼 필요가 있다. 시민들의 각성은 영화가 아니더라도 언제든지 일어날 수 있는 사안이기 때문이다. 사회문제에 대한 시민들의 각성이 먼저 있고, 영화가 그 다음에 왔다고 보는 것이 더 정확하다.

영화관계자들도 인정하는 것처럼 〈도가니〉가 사회문제를 정면에서 다루는 "사회파 영화"라서 시민의 주목을 끈 것은 아니다. 한국사회에서 사회문제를 다룬 모든 영화가 관심을 받지 못한다는 것은 분명한 사실이다. 예를 들어, 스폰서 검사 문제를 담아낸 〈부당거래〉 같은 중요한 영화가 있었지만 별반 관심을 받지 못했다. 비슷한 사례를 열거하자면 끝도 없을 것이다. 말하자면, 〈도가니〉가 사회문제를 진지하게 제기한 영화이기 때문에 관객의 호응을 이끌어냈다는 주장은 크게 신뢰하기 어렵다. 〈도가니〉에 대한 반응은 일반적인 것이라기보다 확실히 특이한 것에 가깝다. 이 특이성은 도대체 어디에서 기인한 것일까?

〈도가니〉는 독특한 영화다. 부당한 권력의 비리를 고발한다는
결론을 가졌으면서도 전개 형식은 다분히 스릴러 공포물에 가깝다.
교훈적 내용을 선정적 형식에 담고 있는 것이다. 게다가 내용상
〈도가니〉는 특별하게 새로운 문제를 제기한다고 볼 수 없다. 영화 속
비리라는 것이 별반 놀라울 것 없을 정도로 구태의연하다. 우리에게
거의 상식으로 통하는 전형적인 권력야합이 되풀이해서 재현되고
있을 뿐이다. 중요한 차이점은 내용보다 형식에서 발생한다.

〈도가니〉는 익히 알려진 권력의 비리를 '범죄'의 프레임으로 새롭게
설정한다는 점에서 다른 면모를 보여준다. 이런 프레임의 도입
목적은 명확하다. 권력이라는 애매한 관계의 메커니즘이 성도착증에
빠진 변태의 범죄 행위로 개념화되는 것이다. 여기에서 권력의
비리는 구조적 모순이라는 추상성에서 비정상적 개인이라는
구체성으로 내려앉는다. 이 구체성이야말로 평균적인 수준으로
살아간다고 믿어 의심치 않는 '표준시민들'에게 안전하지 못한
한국사회에 대한 공포를 환기하는 요소이다.

한국사회에서 변태는 섹슈얼리티의 통제를 벗어난 비정상성을
의미한다. 가족 재생산을 위한 '건전한 남녀관계'를 위협하는 위험한
범죄자가 바로 변태이다. 변태라는 말은 건전한 성인 남녀의 범주를
벗어나는 모든 것을 비정상으로 규정하는 용어이다. 〈도가니〉는
이런 변태에 대한 규정에 악마적인 요소와 사회적인 계급성을
덧입혔다는 점에서 더욱 자극적인 결론을 만들어 낸다. 또한 허구가
아닌 실화를 다루었다는 점에서 영화 속 변태의 존재는 곧바로 나와
가족의 안전에 대한 현실적 위협으로 밝혀진다. 나와 가족의 안전이
위기에 처했는데 국가와 법은 손 놓고 있다는 인식이 시민들의
공포를 실감나게 만드는 것이다.

〈도가니〉가 불러일으킨 감정의 소용돌이는 이런 비정상적인 것을 방치하는 현실에 대한 분노이다. 정상적인 사회에 대한 요청은 사법제도에 대한 불만과 결합하면서, "법보다 주먹"이라는 한국적인 정의의 실현을 촉구하게 된다. 영화 〈아저씨〉는 바로 이런 요구에 대한 우파적인 화답이었다고 할 수 있다. 〈도가니〉를 통해 표출된 시민들의 공분을 특별하다고 볼 수는 없지만, 그 공분을 구조적 모순에 대한 관심으로 이끌어 낼 방안에 대한 고민은 시급하다고 하겠다. 우리를 괴롭히고 있는 사회문제가 결코 몇몇 나쁜 변태들로 인해 야기된 것이라고 볼 수 없기 때문에 더욱 그렇다.

사라지는 생활의 달인

달인이라는 말이 있다. 사전상 의미는 학문이나 기예에 남달리 뛰어난 역량을 가진 사람이나 사물의 이치에 통달한 사람을 일컫는 말이다. 모 방송국이 인기리에 방영 중인 〈생활의 달인〉은 이처럼 일상에서 '남다른 역량'을 가진 사람들을 찾아내어 보여주는 프로그램이다. 달인이라는 비범함을 일상이라는 평범함에서 발굴하는 기획이 흥미를 끄는 것은 사실이다.

그러나 흥미의 차원을 넘어서서 냉정하게 생각해 보면, 이 프로그램이 보여주는 달인의 모습은 다른 진실을 감추고 있다. 달인이라고 불리는 이들 대부분이 비정규직 노동자라는 사실을 깨달으면, 상황은 전혀 달라진다. 이 프로그램을 통해 소개되는 달인들은 대개 빠른 시간 내에 주어진 작업량을 정확하게 처리하는 기술을 보여준다. 속도와 정확성은 현대사회가 요구하는 미덕이기도 하다. 남들보다 빠르고 정확하게 업무를 처리한다면, 그는 능력자 소리를 들을 수 있을 것이다.

〈생활의 달인〉이 보여주는 것도 이 문제라고 할 수 있다. 시스템이 부여하는 임무를 얼마나 잘 수행하는가에 달인의 성패가 달린 것이다. 물론 이것은 어디까지나 해당 프로그램의 논리에 따라서 그렇다는

것이고 진실은 텔레비전에서 보는 것과 다를 수밖에 없다. 이
프로그램이 내세우는 근면과 성실, 그리고 협동이라는 달인의
기준은 고용안정을 걱정하지 않아도 되었던 시대에나 통할 수
있었기 때문이다.

비록 비정규직이라고 하지만, 안정된 직장을 지속할 수 있는지
여부가 달인을 가능하게 만드는 결정적 요소이다. 이른바
노동유연화라는 명목으로 지난 십 년간 한국사회를 강타한 변화의
물결이 〈생활의 달인〉에서 확인할 수 있는 비범한 노동자들을 멸종
위기로 몰아가고 있다. 비정규직 노동자가 달인의 경지에 오르기는
더욱 어려워졌다. 이제 달인이 있던 자리를 '사천원 인생'이 채우는
형국이 되어버렸다. 이런 변화의 끝은 어디일까? 세계 최대 빈곤층
보유국가로 보도된 미국이 한국사회의 미래일지도 모른다는 생각을
하지 않을 수가 없다.

이른바 금융자본주의의 출현 이후, 미국 중산층과 노동자의 처지는
겉보기와 사뭇 다른 운명을 맞이해야 했다. 한국처럼 부동산 붐과
금융시장의 활황에 가려 삶의 질이 개선된 것처럼 보였지만 그 모든
것이 엄청난 부채더미 위에서 이루어진 허상에 불과했다는 진실이
2008년 금융위기로 드러난 것이다. 그 호화판 풍요의 대가로 미국의
장삼이사들은 노동 가능한 40년 동안 최대 9번이나 직장을 옮기고,
3번이나 직종 변경을 단행해야 했다. 이렇게 짧은 직장 주기는
근본적인 삶의 유형을 변화시켰다.

직장 때문에 가족끼리 떨어져서 지내고, 사교생활은 지속적으로
유지할 수 없으니 좋은 친구를 사귈 수 없다. 미국에서 페이스북이
선풍적 인기를 끄는 것은 이런 사정과 무관하지 않을 것이다.
무너져가는 관계를 사이버세계에서나마 회복하겠다는 열망은

끊임없이 삶의 마모를 강요하는 '유연한 자본주의'에 대한 무의식적 저항을 표현하는 것인지도 모른다.

어찌 생각하면 〈생활의 달인〉은 세계금융자본주의 시대에 여전히 한국사회에 남아 있는 과거의 잔재를 보여준다는 점에서 애잔한 느낌마저 불러일으킨다. 그러나 이 달인들도 곧 사라질 것이라는 점에서 멸종 동물을 다루는 〈동물의 왕국〉을 보는 것 같다. 그동안 한국사회는 끊임없이 '변화'를 외쳐왔지만, 정작 자신들이 만들고 있는 것이 무엇인지를 몰랐다는 생각이다. 달인이 사라지고 사천원 인생이 주류를 이루는 사회가 과연 우리의 꿈이었을까?

연예인의 탈세

연예인들의 탈세 혐의 보도가 잇따르자 믿었던 상대에 대한 배신감을 토로하는 목소리가 높아졌다. 대표적인 공론의 장이라고 할 인터넷은 해당 연예인에 대한 성토를 연일 쏟아냈다. 일부는 고위층의 탈세는 가만 놔두고 특정 연예인들에게 공격을 일삼는 불특정 다수를 비꼬기도 한다. 힘 있는 권력자의 비리는 직접적으로 거론하지 못하면서 힘없는 연예인에게 사회 모순의 책임을 묻는 방식이 비겁하다는 요지였다.

이런 비판은 타당한 것이지만, 왜 이런 현상이 발생하는지에 대한 근본적인 질문을 해소하진 못한다. 한국에서 연예인의 지위는 분명 '힘없는 인형'이긴 하지만, 모두가 그런 것은 아니다. 자본축적에 성공해서 자본가가 된 경우, 이들을 더 이상 '힘없는' 연예인이라고 부르기 어려운 점이 있다. SM엔터테인먼트의 대표를 연예인의 범주에 포함시키지 않는 것은 당연하다.

〈개그콘서트〉에 나오는 '애정남'처럼, 누구는 자본가이고 누구는 연예인인지, 애매한 경계를 구별해 준다고 해서 문제가 해결되진 않는다. '연예인-자본가'에 대한 대중의 시선은 곧 자본주의에 대한 불만을 보여주는 것이다. 자본주의 시장의 특징은 부의 축적이 우발성에 기인한다는 사실에 있다. 시장은 공평한 기회를 보장하지만, 그것이 곧 공평한 성공을 의미하지 않는다. 아무리 능력이 있더라도 시장에서 실패하는 경우는 허다하다.

따라서 자본주의 시장의 공평성은 항상 대중의 불만을 야기할 수밖에 없다. 국민의 모습을 재현하는 대의민주주의에서 이 불만은 드러나지 않는다. 이 불만은 대의민주주의보다 더 근본적인 민주주의를 요구할 때 나타난다. 이것이 바로 대중의 정치이다. 대중은 법의 규정을 통해 탄생했지만 동시에 그 규정을 넘어서려는 불만을 가슴 깊이 품고 있다. 연예인의 탈세 혐의에 대한 대중의 공분이 강렬한 것은 이 불만을 달래야 할 당사자들이 원인으로 작용하기 때문이다.

연예인에 대한 대중의 지지는 기본적으로 즐거움을 나누어 갖는 평등주의에 근거한다. 자유주의의 세례를 제대로 받지 못한 한국사회에서 평등의 범주는 종종 자유에 대한 요구를 대체하곤 하는데, 욕망의 대상인 연예인을 대하는 태도에서 이런 모습은 선명하게 드러난다. 연예인은 자본주의 경제를 가상현실로 만들어 주는 캐릭터 같은 존재이다. 이 가상 캐릭터를 통해 현실은 게임처럼 보이게 된다. 게임의 규칙 앞에서 모든 플레이어는 공평하게 보이기에 그 규칙을 만들어 낸 불공평 자체는 문제삼지 않는다. 게임의 비현실성이 잠깐 동안 현실을 잊을 수 있게 만드는 것이다.

한국사회에서 예능 프로그램이 대중의 마음을 지속적으로 사로잡을 수 있는 이유는 이 때문이다. 연예인이면서도 연예인이라고 보기 어려운 개그맨들에 대한 정서에서 현실은 더욱 적나라하다. 개그맨들은 다이어트를 하고 성형을 하면서, 현실에 만연한 몸의 상품화 자체를 탈가치화한다. 탈가치화는 평등주의를 구현하는 하나의 방식이다.

이 과정을 통해 개그맨들은 과거처럼 과잉의 제스처를 통해 웃음을 선사하는 것이 아니라, 절제의 자기단련을 보여줌으로써 감동을 자아낸다. 스펙터클을 보여주는 것이 목적이었던 레슬링 선수가 실제 격투기를 해야 하는 해프닝이 벌어진 지는 오래다.

연예인들의 탈세 혐의에 대해 한국사회의 대중이 민감한 까닭은 이렇게 현실을 게임화해서 실제상황을 잊게 해주었던 캐릭터들이 현실의 모순 자체를 드러내는 매개로 등장했기 때문이다. 탈세 혐의로 해당 연예인들은 돌연 불공평한 자본주의라는 현실을 일깨우는 악몽으로 귀환한 것이다. 이 악몽의 수혜자들은 정작 현실을 악몽으로 만들고 있는 당사자들이다.

윤리를 대체하는 스펙터클

〈무한도전〉이나 〈1박2일〉을 모방해서 만들어진 짝퉁 서바이벌 게임처럼 보이던 〈나는 가수다〉라는 프로그램이 시청률 고공행진과 인터넷 검색어 순위를 독차지하면서 대중문화 판도에 거대한 파란을 몰고 왔다.

〈나는 가수다〉가 관심의 중심으로 부상한 계기는 '공정한 게임의 법칙'을 두고 벌어졌던 논란 덕분이었다. 청중평가단의 결정을 받아들이지 않고 꼴찌를 차지한 가수에게 기회를 한 번 더 주는 문제로 갈등이 불거졌고, 급기야 담당 PD까지 교체되는 해프닝이 벌어졌다. 이 사건은 쾌락의 평등주의만을 공리로 인준하는 시장민주주의의 원칙이 '정의'라는 이름으로 나타난 것이라 볼 수 있다.

말하자면, 〈나는 가수다〉는 〈슈퍼스타 K〉를 비롯한 일련의 오디션 프로그램이 체현하고 있는 한국사회 특유의 민주주의 이념을 드러낸다. 이 이념은 수평적 평등에 민감하면서도 수직적 평등에 무관심하다는 특징을 갖는다. 같은 아파트에 사는 주민들끼리 평등한 지위와 권리를 갖는 것은 중요하지만, 다른 아파트에 사는

주민들도 함께 평등한 지위와 권리를 나눠 갖는 문제는 별반 중요하지
않은 것이다.

이런 논란이 발생할 수밖에 없었던 까닭은 이 프로그램이 출발부터
가수 서바이벌 프로그램이라는 타이틀을 내걸었기 때문이다.
청중평가단으로 대표되는 이른바 '민심'은 이 프로그램이 서바이벌
속성을 지녔다는 '사전 학습'을 통해, 공정한 경쟁이라는 이념을 중요한
판단의 지표로 확정했던 것이다. 그런데 이 판단의 지표에 어긋나는
결과가 나오자 반발이 발생할 수밖에.

잠정 중단되었다가 극적으로 부활한 〈나는 가수다〉는 정체성을
재정립함으로써 앞선 실패를 피해 가고자 했다. 일단 프로그램을
공연에 가깝게 재구성하는 한편, 가수들 개개인의 인터뷰를 통해
인간적인 면모를 육성으로 전달하는 리얼리티 TV의 형식을 취했다.
여기에 임재범이라는 특출한 개인이 가세함으로써 〈나는 가수다〉는
이전 시즌과 완전히 다른 질적 도약을 이룰 수 있었다.

이렇게 〈나는 가수다〉는 두 번째 시즌부터 잠시 혼란스러웠던
정체성을 말끔하게 정리하면서 서바이벌의 성격보다는 감동과
공감을 이끌어내는 방향으로 중심 이동을 한 것처럼 보인다. 임재범
신드롬은 바로 이 과정에서 출현한 중요한 증상이다. 임재범으로
인해 〈나는 가수다〉는 서바이벌 게임에서 갑자기 사연의 세계를
창조하는 리얼리티 TV로 확고하게 자기 의미화를 실행할 수 있었기
때문이다. 임재범 신드롬은 서바이벌 음악 프로그램으로 출발한 〈나는
가수다〉에서 대중이 무엇을 얻고자 하는지를 확실하게 보여준 사례다.

이를 통해 알 수 있듯이, 제작진의 의도와 대중의 요구는 언제나
삐걱거리고 있다. 이 갈등이 이제부터 해소될지 후에 더 심화될지는

두고 봐야 알겠지만, 주목할 점은 〈나는 가수다〉를 둘러싸고 벌어지는 제작진과 대중의 갈등은 단순한 프로그램 제작의 주도권 문제를 넘어서 있는 것처럼 보인다는 사실이다.

임재범 신드롬에서 확인할 수 있듯이, 대중은 〈나는 가수다〉를 서바이벌이라는 냉혹한 게임의 법칙에 맡겨두고자 하지 않는다. 그보다는 그 경쟁의 조건에서 처절하게 자신을 불사르는 고통의 스펙터클을 보고 싶어 한다. 이 스펙터클은 무엇일까? 결론적으로 말하자면, 윤리에 대한 대리물이라고 하겠다. 우리 사회의 구성원들은 현실에서 강제되고 있는 경쟁구도를 '피도 눈물도 없는 세계'로 이해한다. 이 세계에서 이들은 자기 자신의 과잉을 드러낼 수가 없다. 이 과잉에 대한 억압이 곧 결핍을 낳는다.

결핍은 없는 것이라기보다 너무 많아서 강제로 억누르는 것이다. 임재범이라는 과잉의 존재는 대중에게 '돌아온 탕아'라는 종교적 형상의 파토스를 각인시킨다. 이 파토스야말로 한국사회에서 대중의 마음을 가장 강력하게 움직이는 탈권위적 카리스마이다. 카리스마는 카리스마이되 가르치거나 명령하는 카리스마가 아니라, 대중 앞에 바보 앞서 있는 카리스마이다. 임재범에 대한 동일시는 이 때문에 일어난다. '고고한 천상'에 노닐던 예술가가 생활인으로 전락하는 전도된 영웅서사에 한국사회는 쉽게 감동한다.

김종서를 비롯해서 김태원에 이르기까지 이런 영웅서사를 만들어온 이들은 익히 존재했다. 과거에 청춘스타였던 노주현이나 한진희 같은 배우들이 코믹연기를 펼치면서 '망가지는 모습'도 이와 같은 연장선상에 있는 것이다. '신비주의 전략'을 포기하지 않는 인물들에 대한 반감이 상존한다는 사실은 얼마 전에 있었던 이지아-서태지 소송 사건에서 확인할 수 있다.

탈권위적 카리스마에 대한 갈망은 모순적일 수밖에 없다. 〈나는 가수다〉는 '경쟁을 통해 더 좋은 결과물을 얻을 수 있다'는 시장자유주의 이데올로기를 형식논리로 체현하는 프로그램이다. 그러나 정작 이 때문에 이 프로그램은 아무리 좋은 결과를 만들어 낸 가수들이라고 해도 순위를 매겨서 탈락시켜야 한다는 모순에 빠진다. 이 과정에서 좋은 결과물이라는 원래 목적은 사라져 버리고 순위와 탈락이라는 수단이 애초부터 목적이었던 것처럼 변질되어 버리는 것이다. 아무리 이 프로그램이 경쟁을 통해 훌륭한 가수들의 공연을 대중에게 선보인다는 기치를 내걸었다고 해도 본연의 형식논리로 인해서 자기모순을 내장할 수밖에 없다.

어떻게 보면, 임재범 신드롬은 〈나는 가수다〉를 구성하는 형식의 논리에 대한 하나의 배반이었다고도 볼 수 있다. 임재범 신드롬은 이 프로그램이 본질적으로 가수들의 가창력을 겨루는 게임이 아니라는 사실을 폭로한다. 오히려 대중은 임재범이라는 '특이성의 존재'에 더 관심을 가지게 되었고 이로 인해 프로그램의 경쟁구도는 혼란에 빠져 버리게 된다. 파격적인 편곡, 그리고 자신의 음역과 스타일을 뛰어넘고자 몸부림치는 가수의 퍼포먼스는 음악공연이라기보다 흡사 '내가 얼마나 더 과잉일 수 있는가'를 보여주는 거대한 실험극처럼 보인다. 누구는 이를 두고 검투사들의 경기가 벌어지는 콜로세움 같다고 했지만, 확실히 이 상황을 '음악적'이라고 보기는 어렵다.

이런 까닭에 〈나는 가수다〉는 고장날 수밖에 없는 프로그램이다. 앞서 지적한 **형식논리의 모순**으로 인해서 이 프로그램은 현실에의 진리를 드러낸다. 매일매일 악다구니처럼 살아가는 한국사회의 실상이 여기에 고스란히 나타나는 것이다. 누구는 이것을 손쉽게 '감동'이라고 부르지만, 사실 이 감동의 정체는 우리 자신에 대한 나르시시즘적 연민에 불과하다.

나가수와 4.27보궐선거

'나가수' 현상은 갑작스럽게 출몰한 것이라고 보기 어렵다. 〈남자의 자격〉 같은 프로그램이 '합창단' 프로젝트를 실행할 때부터 전조들이 있었다. 노래는 목소리를 가지지 못한 이들이 자신의 존재를 알릴 수 있게 만들어 주는 중요한 장치 중 하나이다. 〈전국노래자랑〉이라는 프로그램이 연령과 계층을 뛰어넘어서 광범위한 호응을 받는 까닭을 여기에서 찾을 수 있을 것이다. 이 호응의 양상은 '감동'에 대한 갈구로 나타난다. 혼신의 노력을 다해서 청중을 사로잡는 가수를 '좋은 가창력'의 보유자와 동일시하는 것은 이 때문이다. 감동이라는 것은 정서의 움직임이고, 대중들의 마음은 이를 통해 사회적 변화를 만들어 낸다.

여기에서 '좋다'는 것은 체제의 논리에 포섭당하지 않고, 또는 포섭해 주기를 요구하면서 떠도는 '대중들'이라는 존재를 공동체에 안착하게 만드는 중요한 윤리적 좌표이다. 이것을 '정의'라고 합의하는 분위기가 최근 한국사회에 형성되었다.

그러므로 초창 '나가수'에서 제작진과 출연진이 청중평가단의 결과를 뒤집었을 때, 그 의도야 어떠했든, 정확하게 공동체의 정의라는

원칙에 어긋나는 것처럼 보였던 것이다. 이 정의의 원칙을 구성하는
논리는 "나는 가수다"라는 진술 자체에 내포되어 있다고 말할 수 있다.

결국 이 진술을 가능하게 만들어주는 전제는 한국사회에 '(진짜)
가수가 없다'는 믿음이다. 그래야 "나는 (진짜) 가수다"라는 주장이
진실성을 얻을 수 있는 것이다. 말하자면, 없는 가수를 있게 하는 것,
여기에 "나는 가수다"라는 발화의 의미가 숨어 있다. 동일한 논리를
정의에 대한 요구에서 발견하기란 어렵지 않다. 정의로운 사회에 대한
열망은 결론적으로 '정의가 없다'는 전제에서 출발하는 것이다. 이런
맥락에서 '나가수'에 쏠리는 관심은 정의에 대한 대중들의 요구와
무관하지 않다고 하겠다. 문제는 이런 요구가 충분히 정치적이지
않다는 사실에 있다.

한국사회처럼 변화의 낙차가 큰 사회에서 정치의 밑절미를 이루는
대중들의 마음을 움직인다는 것은 다른 그 무엇보다도 중요하다.
부와 권력을 획득하고 유지하기 위해 필수인 것이다. 이런 까닭에
한국사회에서 부와 권력을 독점하고 있는 부르주아는 대중들을
혐오하면서 대중들을 두려워한다. 부르주아의 이해관계를 대변할
수밖에 없는 보수정치인들은 대중들에 대한 이중적 태도를 적나라하게
보여주는 바로미터이다. 이들은 '나가수'에 등장하는 가수들 못지않게
청중평가단의 결정에 일희일비한다. 자기 소신을 주장하는 일에
두려움이 없어야 할 정치인이 인기를 먹고 사는 존재가 되어 버린
것이다.

2011년 4·27 재보궐 선거에서 '분당우파'들이 보여준 선택은 더 이상
'텃밭'이라는 것이 한국의 정치 상황에서 불가능하다는 것을 증명한다.
물론 이런 변화를 야기한 원인은 다른 무엇도 아닌 정치를 억압하기
위해 전가의 보도처럼 휘둘러온 경제제일주의였다. '1인 1표'라는

민주주의 원칙이 경제주의와 결합한 결과, 계급이라는 수직적 불평등
문제는 개인의 능력이라는 수평적 불평등 문제로 치환되어버린 것이다.
이 교착 상황을 넘어설 묘책은 무엇일까? "나는 정치인이다"라는
주장이 새삼 필요한 시기이다.

4·27 재보궐 선거의 결과가 '예상대로' 나왔다는 것이 이 사실을 말해
준다. 김해에서 김태호가 되면서 유시민을 누르고, 분당에서 손학규가
되면서 국민참여당의 입지도 좁아졌다. 죽었던 김태호가 살아나긴
했지만 한나라당 입장에서야 구멍가게 하나 얻고 쇼핑몰 내준 격이니
기분이 좋을 리는 없겠다. 한나라당은 앞으로 《동아일보》의 김순덕
같은 이들의 말을 들으면 안 된다는 사실을 이번에 자각했을 것이다.
분당우파라는 신조어를 만들고 낡아 빠진 냉전 논리를 들고 나와
설레발을 쳐봤자 이 정부가 저질러 놓은 악업을 만회하긴 힘들다는
것이 증명된 것이다. 한국에서 이제 투표는 '이념'의 반영이 아니라
'정서'의 표출이다. 정치의 예능화는 바로 이런 변화와 섭동한다.

선거결과를 놓고 '민주주의의 승리'라고 분칠한 이들도 있었지만,
전반적으로 '낡은 것'이 귀환했다는 점을 지적하지 않을 수 없다. 이를
보여주는 상징적인 모양새가 바로 유시민의 실패와 손학규의 성공이다.
물론 유시민도 낡은 것으로 볼 수 있겠지만, 과거에 무엇이었든, 지금
현재의 정치판에서 몫을 가지고 있지 않다는 점에서 이렇게 볼 수 있을
것이다. 전남 순천에서 민노당 후보가 당선되긴 했지만 결과적으로
이를 통해 '야권단일화'에 대한 요구는 더욱 타당성을 획득할 것이고,
진보정당의 입지는 그만큼 좁아질 것이다. 선거가 끝나자마자 나온
"야권연대의 의문이나 망설임을 완전히 털어 버리게 하고 정권교체의
국민적 열망을 보여줬다는 데 의미가 있다"며 "이제 야권연대를 위해
각자 해야할 몫이 무엇인가를 토론하고 고민하면서 국민 속에서
해답을 찾아야 한다"는 이정희 당대표의 발언이 이를 말해 준다.

진보정당은 이제 '각자 해야 할 몫'만 하면 되는 '훌륭한' 야권원정대의 일원으로 인정을 받은 것이다.

문제는 이 여파가 박근혜 대세론을 흔들 것인지 여부였는데, '안철수 바람' 이후에 상황은 사뭇 달라졌다. 물론 반한나라당 정서가 강할수록 박근혜는 불리할 것이 없다. 결국 이번 선거가 반MB 정서의 표출이라는 점을 감안한다면, 한나라당 내 야당 노릇을 하고 있는 박근혜에게 유리하면 유리했지 불리할 것은 없다. 결국 누가 대통령이 되든지 한국 민주주의는 대의민주주의보다 위임민주주의에 가까운 형태일 것이고, 이로 인해서 대통령과 국회라는 두 가지 카드를 번갈아 쥐고 부동층으로 표현되는 '중성계급'이 우파 기득권을 압박하며 극장적 정치(theatrical politics)의 스펙터클을 연출하는 독특한 정치체제가 당분간 유지될 것이다.

서태지, 또는 사생활의 정치

비밀스러운 사생활을 유지하기로 유명한 서태지 씨가 과거에 결혼을
했고, 게다가 그 상대가 요즘 한창 주목을 받기 시작한 탤런트 이지아
씨라는 사실이 알려져서 한바탕 소동이 일었다. 이제 이들은 어항
속에 들어간 금붕어 신세가 되어버린 것 같다. 물론 나는 언제 이들이
결혼했고, 왜 소송이 벌어졌는지, 이런 따위보다도 "모두를 속였다!"는
발화로 요약할 수 있는 이른바 '팬심'의 정체에 더 관심이 간다. 보통
복잡한 리얼리티에 대한 판단력을 잃을 때 우리는 도덕적 이분법으로
복귀해서 사안 자체를 좋거나 나쁜 것으로 환원시켜 버리기 마련이다.
이 해프닝에서도 이런 도덕의 귀환 현상을 목격할 수 있어서 흥미롭다.

서태지 씨는 그동안 '사생활의 비밀'을 철저하게 지켜온 스타급
연예인으로 유명하다. 그만큼 그는 공과 사를 구분해야 한다는
믿음을 가진 인물이었던 것이다. 영어의 privacy라는 말을 번역한
'사생활'의 어원은 라틴어 privatus이다. 이 말은 "국가로부터 떨어져서
자기 자신에게 속하는 것"이라는 의미를 내포하고 있다. 말하자면,
국가라는 공적인 영역으로부터 퇴거해서 자기 자신을 '비밀'로
만드는 것이 privacy인 것이다. 이 개념은 철저하게 앵글로색슨적인
문화를 반영하는 것이라고 할 수 있다. 근대 이전까지 공과 사를

구분하는 방식은 오늘날 우리에게 익숙한 것과 사뭇 달랐다. 예를 들어, 고대 그리스에서 '경제'라는 개념은 '살림살이'라는 말에 더 가까워서 공적인 영역이었다기보다 사적인 영역에 속했다. 말하자면 지금처럼 공과 사를 국가와 개인으로 구분하기 시작한 것은 근대적 개인주의의 등장과 무관하지 않은 것이다.

따라서 서태지 씨가 자신의 사생활을 보호하기 위해 자신의 결혼을 비밀에 부친 것은 근대적 개인주의를 충실히 따른 결과에 지나지 않는다. 사생활 보호를 헌법에 명시하고 있는 (명목상이긴 하지만) 근대국가에서 서태지라는 개인이 자신의 사생활을 지키려고 하는 것은 전혀 법적으로 문제가 없다. 다만 '도덕적 지탄'이라는 것이 남아 있는데, 이 문제가 흥미롭다. 앵글로색슨적 근대주의와 충돌하는 '다른 윤리'가 여기에 작동하고 있기 때문이다. 윤리의 문제는 결국 욕망의 작동을 지시하는 것이고, 따라서 한국사회의 정상윤리를 강제하는 쾌락의 평등주의와 서태지-이지아를 둘러싼 논란은 밀접한 관련성을 갖는다.

정상성을 올바른 것으로 인준하는 이 쾌락의 평등주의는 서태지와 이지아의 '은밀한 사생활'이라는 주이상스(jouissance)를 용납하지 않는다. 이 둘의 비밀을 '나쁜 것'으로 매끄럽게 환원시키는 쾌락원칙이 여기에서 실체를 드러낸다. 한국사회에서 연예인은 '공유물'이기 때문에 사사로이 나서서 '소유권'을 주장하면 '나쁜 놈'으로 찍힐 수밖에 없다. 한국의 '삼촌팬'들이 소녀시대나 아이유를 '무성적 여동생'으로 계속 남겨두고 싶은 까닭이 여기에 있다. 이들에게 '섹시함'을 요구하는 것은 남성적 주체라기보다 오히려 여성적 주체인 것처럼 보이는데, 그 까닭은 이른바 여성적 주체는 소녀시대나 아이유 자체를 소유하고 싶어한다기보다, 이들을 바라보는 남성적 주체의 시선을 원하기 때문이다. 여성적 주체에게 소녀시내와 아이유는 동일화의 대상이지 소유의 대상이 아니다.
그래서 이들에게 소녀시대와 아이유는 섹시하면 할수록 공유물의
성격이 강해지는 것이다. 그러나 남성적 주체의 경우는 섹시하다는
것은 대상성을 갖는다는 것이고, 소유할 수 있다는 것을 의미한다.

말하자면, 핵심은 소녀시대나 아이유가 섹시하냐 그렇지 않으냐 여부를
따지는 일이 아니다. '섹시함'이라는 유혹의 기술이 특정한 개인의
소유물로 전락하는 것이 아니라, 사회 구성원에게 평등하게 분배되는
것이 중요한 것이다. 아이돌의 섹시함이라는 기표가 있던 자리에 옳고
그름을 따지는 정치라는 갈등만 빼면 무엇이든지 올 수 있는 것이
한국사회의 특징이다. 마찬가지 논리를 서태지-이지아 해프닝에서도
확인할 수 있다. 이 해프닝에서 주목해야 할 것은 '감쪽 같이 팬들을
속였다'는 정서이다. 법에서도 보장된 개인의 사생활을 지키는 행위가
갑자기 '속인다'는 나쁜 짓과 아무런 매개 없이 연결되는 스펙터클이
여기에 있다.

우리가 사유해야 할 점은 바로 정치에서 작렬해야 할 공평성(just)의
논리가 이런 연예인의 가십에서 더욱 강렬하게 작동한다는 사실이다.
연예인이라는 공유물을 독점한 존재(심지어 그 존재가 해당 연예인
자신이라고 해도)에 대한 분노는 현실에서 억압당한 계급의식이
우회적으로 귀환한 것이라고 말할 수 있다. 계급문제라는 정치적
사안을 회피하는 것이 좋은 것이라고 여기는 한국사회의 보수주의가
이런 현상의 원인일 것이다. 이런 보수주의가 말 그대로 일신의
보신으로 끝나지 않고 종종 '개인'의 주이상스에 대한 공격으로
나타나는 것도 또한 한국사회의 특징이다. 이렇게 서태지-이지아
해프닝은 한국사회의 욕망구조를 드러내는 사례 하나를 목록에
추가하고 있다.

신정아와 한국 정치

2011년 3월 신정아 씨가 '속죄'의 마음으로 썼다는 자전적 에세이가 파란을 일으켰다. 책에서 직접 거론된 당사자들은 "일고의 가치도 없다"고 일축했지만, 책은 출간 즉시 날개 돋친 듯이 팔려나갔다. 이 현상을 여러 갈래로 해석할 수 있겠지만, 무엇보다 먼저 짚어야 할 것은 신정아 씨의 '고백'이 진실의 문제를 떠나서 엔터테인먼트 차원으로 넘어갔다는 사실이다. 하루 이틀 일이 아니다. 왜 이런 일들이 반복되는 걸까?

신정아 씨의 책을 둘러싸고 벌어지는 논란은 정치를 예능 프로그램과 동일선상에서 바라보는 한국사회의 특징과 무관하지 않다. 경제를 중심에 놓고 정치를 귀찮은 것이라고 치부하는 사회적 분위기에서 파생되어 나온 것이다. 정치를 아무리 억압해도 민주주의에 대한 요구는 사라지지 않는 법이다. 정치 집단들이 대의민주주의라는 '기교'를 적절하게 수행하지 못할 때, 불만의 목소리는 터져 나온다.

물론 한국처럼 정치에 대한 불쾌감이 팽배한 사회에서 이런 목소리는 결코 정치색을 띠고 자기주장을 펼칠 수 없다. 가장 정치적인 주장이 가장 정치적이지 않은 모습으로 출몰하는 것이 한국사회의 특징이라면

특징이다. 따라서 '강남좌파'와 '분당우파'라는 대립구도를 만들어서
'낡은 이분법'을 도입하려는 시도보다도 오히려 〈나는 가수다〉를
둘러싼 공정성 논란이 훨씬 더 정치적인 효과를 초래한다. 정치라는
것이 대중들의 마음을 움직이는 문제라고 본다면 말이다.

한국사회에서 민주주의에 대한 요구는 이처럼 정치색을 띠지 못하고
언제나 엔터테인먼트의 형태를 취할 수밖에 없다. 정치성이 필수적으로
선정성과 결합하는 것이다. 여기에서 중요하게 작용하는 것이 '억압의
가설'이다. 미지의 '파워엘리트집단'이 대다수 '국민'을 억압하고 있다는
생각이 이런 가설을 떠받치고 있는 중요한 심리 기제이다.

이와 같은 상상은 은밀한 쾌락을 몇몇 소수들이 나눠가지는 '룸살롱
정치'라는 현실을 통해 진실성을 획득한다. 공적인 문제를 사적인
관계를 통해 해결하는 방식이 부의 축적과 연결되었던 것이 한국의
근대화 과정이었다는 점을 상기한다면, 이런 가설이 지금까지 강고한
설득력을 유지하는 비결을 이해할 수 있을 것이다.

실제로 한국사회에서 억압당하고 있는 정치가 민주주의에 대한
요구라는 사실을 감안했을 때, 신정아 씨의 책이 불러일으킨 파장은
특별히 이상한 징후로 보이지 않는다. 아무나 민주주의에 대한 요구를
할 수 없다면, 결국 누군가 나서서 민주주의의 원칙이 제대로 작동하고
있지 않다는 사실을 '폭로'해야 한다. 그런데 이렇게 무엇인가를
까발리려고 한다면, 내부 사정을 잘 알아야 한다. 파워엘리트 집단에
한때 가담했던 이들만이 이 폭로를 수행할 자격을 가질 수밖에 없는
것이다.

이런 까닭에 한국에서 정치적인 폭로는 언제나 내부고발의 형식을
채택한다고 하겠다. 정치적 폭로가 내부고발 형식을 띠는 한
민주주의의 문제는 곧 개인의 양심이라는 한계에 묶여 있을 수밖에

없다. 그리고 그 퍼포먼스를 목도하는 대중들은 일시적으로 재미있을 수 있겠지만, 그 행위가 지극히 개인적인 차원에서 이루어지기 때문에 동참할 수 있는 길을 원천적으로 봉쇄당한다. 폭로의 행위가 대중들에게 정치적인 의미로 받아들여지지 않는 이유가 이 때문일 것이다.

언젠가 예능 프로그램 〈라디오스타〉에 게스트로 나온 아이돌 스타 아이유가 재미있는 말을 했다. 무서운 꿈을 꾸었는데, 어떤 남자 귀신이 뒤에서 꼭 안아주는 내용이었단다. 비록 귀신이었지만, 그때 느낌이 너무 좋아서 다시 나타나기를 기다린다는 것이 발언의 요지였다. 이 '대사'를 누가 적어준 것이라면, '삼촌팬'을 노골적으로 전면에 내세우면서 탄생한 아이유라는 상품의 이미지에 적절한 세팅이었다고 하겠다. '보호 받아야 할 연약한 어린 여성'이라는 상상적 이미지를 강화하기 위한 '심리학'을 여기에서 읽을 수 있다. 물론 실제로 이 발언이 아이유 자신의 것이었을 수도 있다. 이 경우라면, 아이유는 실체적인 측면에서 삼촌팬의 오브제 아(object a)로 진정성을 획득하는 것이다.

원더걸스와 소녀시대, 그리고 아이유로 이어지는 이 '삼촌팬 아이돌'의 계보학은 통제하기 버거운 '섹시한 여성'에 대한 공포를 일정하게 드러내는 것이라고 할 수 있다. 한국에 마돈나 비욘세, 또는 레이디가 같은 '강한 여성 가수'가 나오기 힘든 까닭이 이 때문일 것이다. 신정아 사건에서 신정아라는 '젊은 여성'에게 쏟아졌던 관심도 여성의 섹슈얼리티에 대해 느끼는 한국사회의 불편함과 무관하지 않다. 신정아가 책에서 줄곧 억울해 하는 것이 이 점이라는 사실이 흥미롭다. 자기는 결코 섹시한 여성이 아닌데, 언론이 그렇게 만들어 버렸다는 것이 그의 주장이다. 말하자면, 아이유인데 비욘세라고 매도한 것이라는 말인데, 이런 발언은 아이유 같은 '안전한 섹슈얼리티'야말로 한국사회에서 인준 받을 수 있는 욕망의 회로라는 사실을 암시한다.

근육이 드러나지 않는 가녀린 몸매와 소녀 같은 얼굴을 한 여성에 대한 선호는 여성에 대한 한국사회의 인식구조가 19세기적 고전주의에 멈춰 있다는 사실을 말해 준다. 여성이 공동체의 몫을 배당 받는 구성원으로 인정받으려면 누구의 엄마이든지, 아니면 아내여야 한다는 암묵적 합의가 있다. 결혼이라는 통과의례를 거치지 않은 여성은 소녀나 여동생으로 남아 있어야 하지, 남성과 동등한 존재로 자기 자신을 주장할 수 없다. 주변에서 종종 접할 수 있는 '시집도 가지 않은 처녀가~'라는 발화구조가 이와 같은 현실을 증명한다. 결혼도 하지 않은 젊은 여성이 노골적으로 섹슈얼리티를 드러내는 순간, 그의 존재는 곧 공동체의 안전에 대한 위협으로 작동하기 시작하는 것이다. 신정아가 자신도 모르게 건드린 지점이 바로 이 문제였던 셈이다. 그는 아이유로 남고 싶었겠지만, 현실의 삼촌들은 그를 그렇게 놔두지 않았다. 왜냐하면 이 세상에 결코 '안전한' 욕망은 있을 수 없으니까.

애정남의 해학

'애정남'은 2011년에 한창 인기를 끌었던 개그콘서트의 코너 중 하나이다. 낡은 가치가 지지를 잃어갈 때, 풍자가 직설보다 더 진실을 말해 주기도 하는데, 요즘 애정남이 바로 이런 풍자의 기능을 잘 보여주는 것처럼 보인다. 애정남은 시청자 게시판에 올라온 질문들에 대한 대답을 준비했다가 재치 있게 말해 주면서 재미를 더한다.

이 질문들은 일상에서 한번쯤 누구나 생각해 봤던 것들이기도 하다. 예를 들어, 아가씨와 아줌마의 차이라든가, 돈을 빌려간 친구에게 어떻게 감정 상하지 않게 독촉을 할 것인가 같은, 난센스처럼 들리지만 나름대로 일리 있게 판단의 경계를 정해 주는 것이 애정남의 묘미이다.

애정남이 보여주는 형식성은 의외로 철학적인 의미를 내포하고 있기도 하다. 특정한 가치의 의미가 고정불변하게 존재하는 것이 아니라, 그 의미를 지시하는 기표를 통해 얼마든지 다시 정의될 수 있다는 것이 애정남이 가르쳐 주는 교훈이다. 그래서 애정남은 '애매한 것'이라고 불리는, 가치를 정할 수 없는 대상에게 기준을 제시함으로써 새로운 의미를 만들어낸다.

문제는 애정남에 담긴 이런 의미보다도, 텍스트의 의미를 읽어내고 이에 동의하는 대중들의 행위일 것이다. 이와 같은 이해와 지지가 곧 즐거움의 원천이다. 좋아하는 것은 인식과 관심의 문제이기도 하기 때문에, 애정남을 보고 즐거워하는 대중들의 행위는 웃음의 코드를 통해 현실에서 관심 있는 문제를 인식하는 과정이다. 이런 관점에서, 애정남은 대중들이 현실에서 느끼는 문제의식을 공유하고 있기에 인기를 얻는 것이라고 말해도 되겠다.

지금 한국사회는 기성 가치체계가 흔들리는 와중에 이를 대체할 만한 새로운 가치체계를 찾지 못하고 있는 상황이다. 이 가치체계의 붕괴는 옳고 그름을 판별해 내는 도덕 기준의 혼란과 무관하지 않다. 계급과 세대의 가치가 서로 충돌하고 있지만, 이 갈등의 상황에 판단의 기준을 제시해 줄 이념이 정치로써 표상되지 못하는 것이 한국사회가 당면한 문제이다. 사이비 진보나 사이비 보수라는 흔한 표현에서 확인할 수 있듯이, 이념은 이제 특정한 정치세력을 통해 드러나지 않는다. 정치판마저 이렇게 혼란스러우니, 일상생활에서 발생하는 사정은 더 나쁠 수밖에 없다. 자녀가 부모의 가치를 따르는 것이 미덕이라고 생각했는데, 알고 보니 자녀에게 그 부모의 사랑은 폭력으로 인식되었다는 충격적 역설이 하루가 멀다 하고 언론을 타고 있는 현실이다.

장난으로 보낸 협박 문자로 인해 친구가 자살했지만, 그 행위의 폭력성에 대한 자각이 없는 십대의 모습이 무엇을 말해 줄까? 전통과 신속하게 단절하고 새로운 문물을 격렬하게 수입해 온 급진적인 근대화의 과정이 남겨 놓은 것은 도대체 무엇을 기준으로 세상을 판단해야 할지 알 수 없는 애매한 상황이다. 이 애매한 상황을 누구도 책임지려 하지 않는 실정이 애정남의 인기를 발생시키고 있는지도 모를 일이다.

과거에 정치인이나 사회지도층 인사라고 불리는 이들이 담당했던 역할을 한 코미디 프로그램이 맡게 되었으니, 그냥 웃으면서 넘겨 버리기에 씁쓸한 현상이다. 반성 없는 사회가 도달한 종착역은 진지한 문제에 대한 책임 있는 성찰보다도, 가볍게 웃으면서 세상을 향해서 냉소를 날리는 차가운 사회이다. 냉소와 해학은 비슷하게 보이지만 현실에 대한 태도에서 근본적으로 다르다. '그럴 수도 있다'는 다른 가능성의 발견이 해학을 통해 이루어진다. 애정남은 한국사회에 만연한 냉소주의가 코미디 특유의 낙천성으로 넘어갈 수 있는 가능성을 보여주는 사례일 것이다.

'자연산' 발언

한나라당 안상수 전 대표가 보온병 해프닝에 이어서 '자연산' 발언으로 구설수에 올랐던 적이 있었다. 특정 걸그룹을 거명하면서 모두가 성형해서 얼굴을 알아볼 수 없다는 '논평'을 가한 뒤에 요즘은 "룸에 가면 자연산만 찾는다"고 말한 것이 발단이었다. 당연히 경솔한 발언에 대한 비판의 목소리가 높아졌다. 트위터를 비롯한 인터넷 공론장은 보온병 해프닝과 연결시켜 안 전 대표를 비꼬거나 풍자하는 목소리로 와글와글 들끓었다.

흥미롭게도 안 전 대표에 대한 비판 대부분은 성형수술을 받지 않은 여성을 '자연산'이라고 지칭한 표현에 초점을 맞추고 있지만, 정작 중요하게 주목해야 할 내용은 다른 것이 아닐까 한다. 바로 "룸에 가면~"이라고 전제를 붙인 발화의 구조가 그것이다. 어떻게 생각하면 성형수술에 대한 안 전 대표의 논평은 일반적으로 '양식 있는 중년'이 부박한 외모지상주의 세태를 개탄하기 위해 내뱉을 수 있을 만한 것이다. 그런데 이 평범한 문제가 "룸에 가면~"이라는 표현을 통해 돌연 전혀 다른 차원으로 옮겨 앉는다.

심각한 문제는 여기에 숨어 있는 것처럼 보인다. 걸그룹은 '어린 여성'을 성적 대상으로 상품화하는 대표적인 현상이다. 원더걸스에서 소녀시대로 이어지는 일련의 변화에서 그동안 금기시되었던 십대에 대한 성적 대상화가 '자연스럽게' 이루어졌다. 바야흐로 성해방의 시대가 당도한 것이다. 이 현상은 옳거나 나쁘다고 판단하기 어려운 사안이라고 할 수 있다. 문화현상이라는 것은 선악의 판단 너머에 있는 복잡성을 드러내는 경우가 많기 때문이다.

세대와 성차를 초월한 걸그룹의 인기가 증명하듯이, 한국사회는 그동안 권위주의에서 자유주의로, 집단주의에서 개인주의로 바뀌는 과정에 있다고 할 수 있다. 이 와중에서 안 전 대표와 유사한 발언들을 기성세대로부터 확인하는 것은 어렵지 않다. 안 전 대표의 입장에서는 자기 혼자 이런 생각을 하는 것도 아닌데, 비난을 감수해야 하는 현재의 처지가 억울할 수도 있다. 그러나 문제의 발언을 정치인이라는 '공인'이 했다는 점에서 억울함에 대한 호소는 기각된다.

안 전 대표 발언이 암시하는 것은 자못 심각하다. 겉으로 성형수술을 비판하는 태도를 취하는 것처럼 보이지만, 실제로 이 발화의 구조는 "룸"이라는 자본주의적 쾌락을 특권적이고 절대적인 것으로 만들려는 무의식의 원리를 감추고 있다. 어여쁜 '어린 여성'을 현실에서 가질 수 없지만, '룸살롱'이라는 독점적 공간에서 가질 수 있다는 전제가 깔려 있는 것이다. 그래서 안 대표는 "룸에 가면~"이라는 말을 아무렇지도 않게 내뱉을 수 있었다고 하겠다. 이 공간이야말로 안 전 대표를 비롯한 소위 '파워엘리트' 집단이 공공적인 것을 사적 이해관계를 위해 조정할 수 있는 권력 남용의 장소이다. 밀실정치와 내부담합이 이루어지는 곳인 것이다.

따라서 안 전 대표의 발언은 우연하게 발생한 것이라고 보기 어렵다.

보온병 해프닝이 군복무를 하지 않았던 그의 전력과 무관하지 않듯이, 이번 발언 역시 평소에 권력을 집행하고 운영하던 습속과 밀접하게 관련을 맺고 있는 것이다. 이 사건은 단순하게 안 전 대표 개인의 도덕성이나 자질 문제라기보다 한국의 대의민주주의가 작동하는 방식 자체에 대한 의문을 제기해야 하는 사안을 내포한다는 뜻이다. 한국의 정치집단이 민주주의에 대한 국민의 요구는 묵살하고, '룸'이라는 자신들만을 위한 쾌락의 공간을 고수하려고 할 때, 제2, 제3의 안상수가 계속 나올 수밖에 없다. 이 발언을 허투루 넘길 수 없는 까닭이다.

강용석

강용석 의원의 여성비하 발언이 일파만파로 번져 지금까지도 화자되고 있다. 구체적인 추가 보도까지 이어진 걸 보면 현장에서 강 의원이 했다는 말들은 사실에 가까운 것이라고 판단할 수밖에 없다. 한나라당은 당시 재·보선을 의식해서 재빨리 강 의원을 당에서 제명하는 '극약처방'을 내렸다. 그런데 강 의원의 제명을 표한 한나라당 윤리위 부위원장이 공교롭게도 '대구 밤문화'로 구설수에 오른 주성영 의원이었다. 한나라당은 〈개그콘서트〉를 찍자는 심사였던 모양이다.

하기야 〈개그콘서트〉를 방영하고 있는 한국방송공사는 정작 그 프로그램을 만든 출연자 중 한 명인 코미디언 김미화 씨를 데리고 웃지 못할 명예훼손 송사를 벌였으니, 한나라당이 강 의원 제명을 둘러싸고 보여줬던 촌극은 그냥 애교로 봐줘도 무방할 지경이다. 정말 이명박 정부가 들어선 뒤 황당한 일들이 한두 번 벌어진 게 아니지만, 갈수록 그 도가 지나치다는 것은 세 살 먹은 아이도 알 수 있을 것 같다. 이른바 레임덕이니 권력누수니, 술자리에서 안주 삼기 좋은 일들이 계속해서 일어났다.

그중에서도 유독 한나라당은 왜 이처럼 '여성비하' 또는 '성희롱'

발언과 연루되는 사건들을 많이 일으키는 걸까? 사실 한나라당
관계자들이 여성의 외모와 관련해 말실수를 해서 논란에 휩싸인
경우는 강용석 의원 건만이 아니다. 과거 후보 시절에 이명박 대통령이
'못생긴 마사지걸' 운운한 것이나 2011년 지방선거에서 한나라당이
'쥐뿔도 모르는 여자'라는 선거 홍보를 내보낸 것이나, 단순하게 우연한
실수나 '튀는 행동'이라고 보기 어려운 일관성을 보여준다.

이들 정치인에게 특정 여성을 평가할 때 가장 중요한 준거가 외모나
자질일 수밖에 없는 까닭은 무엇일까? 여성을 외모나 자질로
판단한다는 건 기본적으로 여성의 가치를 남성에 대한 내조 또는
보충이라는 관점에 근거해서 생각한다는 의미이기도 하다. 한마디로
대등한 관계로 평가하지 않는다고 볼 수 있다. 물론 어떤 이들은 이런
혐의를 대다수 한국 남성의 범주로 확대해서 "너희들도 그러면서 왜
특정인에게만 순결주의를 강요하느냐"고 항변할지도 모른다.

그러나 이런 항변이 빠트리고 있는 건 정치인 또는 정치에 부여되는
조건이다. 이 조건은 권력의 사용과 밀접하게 관련을 맺고 있다. 정치는
권력이라는 공적인 것을 사적으로 사용할 수 있는 영역이다. 따라서
이런 사적인 사용은 엄격하게 제한을 받아야 한다는 게 근대적인
정치관이다. 권력을 자기 마음대로 사용할 수 있는 개인을 통제하지
않는다면, 정치는 파탄을 맞이할 것이고 사회는 혼란에 빠질 수밖에
없다.

한나라당이 '여자 문제'에 대해 지금까지 보여 온 모습들은 이런
기본적인 정치관을 결여하고 있기 때문에 발생하는 것이다. 물론
정도의 차이가 있을 뿐이지, 야당 남성 국회의원이라고 해서 이런
문제에서 완전히 자유롭다고 보기는 어렵다. 정치인이 국민의
이해관계를 대변하는 게 아니라 자신이나 특정 세력의 주장만을

대의하는 '과두제 상황'에서 이런 문제가 더욱 빈번하게 발생한다.

문제는 결국 민주주의다. 정치인이 어느 정도의 민주의식을 갖고 있는지 여부가 이런 일이 반복적으로 일어나는 것을 근본적으로 막아줄 것이다. 여성도 국민의 절반이라는 사실을 이제 남성 정치인들도 절실하게 깨달아야 하지 않을까?

지킬 것 없는 이상한 보수주의

'국회의원'을 풍자한 개그맨 최효종 씨를 강용석 의원이 명예훼손으로 고소하자, 〈개그콘서트〉는 그에 대한 풍자로 채워졌다. 물론 강 의원의 계산은 따로 있었다. 자신에게 내려진 '아나운서 집단모욕죄'라는 법원의 판결을 조롱하기 위한 의도가 숨어 있었다. 성희롱 혐의를 벗은 것에 만족하지 않고 자신의 '죄목'을 전면 거부한다는 의사를 밝힌 것이다.

애먼 개그맨을 상대로 자신의 무죄를 증명하려는 이런 노력이 얼마나 정당성을 획득할지 의문이지만, 이 과정을 통해 강 의원은 사법부에 대한 노골적 불신을 드러냈다. 그의 입장에서 본다면 명예를 회복하는 것이 절박한 문제일 수 있겠지만, '남의 시선'을 아랑곳하지 않는 것처럼 보이는 태도는 무엇을 의미하는 것일까? 조심스럽게 그 원인을 짚어보자면, 한국 보수주의의 위기를 촉발하고 있는 엘리트주의를 꼽고 싶다.

'개그맨을 고소한 국회의원'이라는 상황이야말로 한국 보수주의의 위기를 드러내는 징후 자체다. 르네상스 비극에서 진실을 함부로 발설하더라도 광대는 처벌받지 않는다. 이런 광대의 존재로 인해서 왕이든 노예든, 결국 모든 인간은 비극적인 진실 앞에서 평등하다는 사실을 알 수 있기 때문이다. 우리시대의 광대라 할 수 있는 개그맨을 국회의원이 진실을 밝혔다는 죄목으로 법적 책임을 묻겠다는 것은 이런 절대적 평등에 대한 거부를 암시한다.

웃음에 대해 관용하지 못하는 태도는 이명박 정부 들어 두드러진 현상이다. 강 의원의 고소행위를 개인 성격의 문제로 환원해서 판단하기 어려운 이유다. 이명박 정부는 문화적인 측면에서 강력한 권위주의를 보여준다는 점에서 이전 정권과 확연한 차이를 보인다. 천안함 사건 때 개그 프로그램을 방영하지 못하게 한 것이나, G20 홍보포스터 패러디 행위를 사법처리한 것이나, 여하튼 '꼰대' 이미지 하나는 확실하게 부각시켰다. 정부여당에 대한 혐오가 젊은층으로 갈수록 심한 까닭이다.

정부여당은 자신들의 권위를 강요했지만, 어떻게 그것이 가능한지 알지 못했거나 모른 체했다. 심각한 소통장애가 여기서 발생한다. 소통은 기본적으로 코드화라고 했을 때, 같은 보수주의라고 해도 이명박 정부의 보수주의는 확실히 시대의 감수성을 제대로 읽어내지 못한다는 약점을 노출했다. 안철수 현상은 이런 문제점에 대한 하나의 해결책이었다. 지금 너도 나도 안철수의 청춘콘서트를 모방한 짝퉁들이 쏟아져 나오는 것을 보면 알 수 있다.

한국 보수주의의 위기는 한 마디로 보수주의자를 자처하는 이들의 자가당착에서 기인하는 측면이 강하다. 대의정치를 부정하고 위임정치에 근거한 이전투구를 정치 자체로 착각하게 만들면서 오직 '먹고사니즘'으로 전 국민을 무장시킨 당사자들이 바로 한국의 보수주의자들이었다. 초가집을 없애고 마을길을 넓히면서 전통을 부정했고, 시장경쟁주의를 절대화하면서 모든 가치를 시장의 논리로 상대화시킨 주역들이 한국에서 보수를 자처하는 이들이었던 것이다.

한국에서 보수주의는 결론적으로 미국의 가치를 수용하고 수호하는 이념에 지나지 않았다. 한국문학사에서 민족어를 가장 잘 구사했다는 민족시인의 자손들이 모두 미국에 살고 있는 현실은 역사의 아이러니라고 치부하고 넘어갈 수 없는 일이다. 말하자면, 일련의 현상은 지킬 것 없는 이상한 보수주의의 실상을 보여주는 것이라고 할 수 있다. 강 의원이 개그맨을 고소해서라도 자신의 명예를 회복하겠다고 팔을 걷어부친 일례는 이념의 황혼이 선사하는 또 다른 소극이라고 할 만하다. 그 명예가 오직 '자기 자신의 것'이라는 허황된 오만에 한국의 보수주의를 위기에 빠트리고 있는 원인이 고스란히 투영되어 있다.

인터넷의 명암

인터넷 없이 하루도 그냥 보내기 어려운 세상에 우리는 살고 있다. 아침에 출근해서 뉴스를 점검하고, 오전 회의에 필요한 자료들을 찾아서 읽고 정리하는 것은 물론, 퇴근해서 오랜 만에 친구들과 어울릴 식당을 물색하거나 연인과 함께 볼 영화를 예매하기 위해 매일 인터넷을 뒤지는 게 낯설지 않다. 인터넷 덕분에 과거라면 꿈도 꾸지 못할 정보들을 손쉽게 얻고, 또 그렇게 얻은 정보를 취사선택해서 만든 정보들을 편하고 빠르게 유포할 수도 있다.

〈소셜 네트워크〉라는 영화가 잘 보여주듯이, 인터넷은 새로운 '사회관계'를 만들어내는 물질적 기반이기도 하다. 과거라면 손수 쓴 편지를 붙이고, 그 답신을 받기 위해 몇 달을 기다려야 했겠지만, 지금은 이메일도 모자라서 아예 실시간으로 댓글이 올라오는 페이스북이나 트위터를 통해 지구 반대편에 살고 있는 친구들과 얼마든지 친분을 유지할 수 있다.

이렇게 인터넷의 출현으로 인해 빚어진 결과들은 분명 '혁명'처럼 보이지만, 동시에 밝은 면에 가려진 어두운 면도 있음을 모른 체하기 어려울 것 같다. 일부에서 집단지성이라고 찬양하는 지식생산에 대한

대중의 참여는 엄연히 긍정적 효과 못지않게 부정적인 문제점을
노출한다. 미국의 작가 니콜라스 카처럼 인터넷이 '독서'를 사라지게
만든다고 우려하는 이들도 있다. 카의 주장에 따르면, 인터넷에 정보가
널려 있는 상황에서 굳이 책을 읽는 고역을 자처할 사람들은 없다는
것이다.

물론 독서를 대체한 '인터넷 서핑'이 정확한 지식을 '사용자'에게
학습시키는 것은 아니다. 말 그대로 이 과정은 필요한 지식을 잠깐
단편적으로 조합해서 제시하는 것에 불과하다. 지식의 맥락이나 함의는
중요하지 않다. 이런 까닭에 종종 같은 표기이지만 전공분야에 따라
전혀 다른 개념으로 쓰이는 용어들이 함께 출몰하는 '무의미한 조합'이
발생한다. 용어를 사용하지만 제대로 의미를 알지 못한 채 '논리'에 맞게
얼기설기 엮어 내는 일들이 지식이라는 미명으로 아무런 반성 없이
행해지는 것이다. 이런 현상을 카는 "경박"이라고 부르면서, 심도 깊은
지식이 쓸모없는 것으로 치부되는 상황을 경고한다.

인터넷이 만들어낸 '지옥'은 누구나 만물박사처럼 굴면서 어떤 문제에
대해서도 아는 체를 해대는 인터넷 폐인들의 '낙원'이기도 하다.
블로그와 트위터에서 자신의 견해들을 거침없이 피력할 수 있도록
해주는 것은 다름 아닌 인터넷 검색이라는 무소불위의 수단이다.
이런 검색을 통해 획득하는 정보는 아무런 의심 없이 지식으로
둔갑해서 고정불변한 상식으로 자리매김한다. 인터넷 백과사전이 종이
백과사전을 능가할 수 있는 까닭이다. 당연하게도, 힘들게 종이책을
뒤져볼 필요도 없이, 간편하게 인터넷을 검색해서 얻을 수 있는
정보들로 지식을 구성하는 것이 훨씬 간편하고 신속한 일이다.

문제는 검색에 잡히는 정보라는 것이 대개 일차적이고 단편적이라는
사실이다. 인터넷에서 얻은 정보는 지극히 주관적인 판단에 따라

개연성을 구성하게 되는데, 대개 이런 주관적 판단은 평균적인 상식에 근거한 다른 인터넷 사용자들 사이에서 지지를 획득함으로써 '진실성'을 인준 받는다고 할 수 있다. 따라서 인터넷이 '새로운 것'을 만들어내는 수단이라고 말하는 것은 신뢰하기 어려운 주장이다. 인터넷을 통해 얻을 수 있는 지식은 지극히 상식적인 생각들의 조합에 불과하다. 인터넷에 깔려 있는 지식은 말 그대로 얇고 얕은 정보의 조각에 지나지 않다.

그러나 이런 사정과 달리, 사람들은 인터넷에서 긁어 온 정보의 조각들을 박식함으로 착각하기 일쑤다. 어떤 주장에 대해 판단을 내리는 근거도 자신의 독서에 근거하기보다, 인터넷에 떠돌고 있는 풍문을 그대로 옮겨 오는 경우가 허다하다. 이처럼 공통의 인식 기반이 전제되지 않는 인터넷의 속성으로 인해 파편적인 정보에 기초한 지식생산은 끼리끼리 마음이 통하는 사람들 위주로 이루어질 수밖에 없다. 겉으로 다양하고 민주적으로 보이는 인터넷 공간이라는 곳이 사실상 자신의 견해에 동조하는 사람들끼리 담합하는 장소라는 것이 어쩔 수 없이 드러난다.

물론 오늘날 인터넷을 완전히 부정하고 살 수는 없을 것이다. 다만 인터넷에서 횡행하는 지식을 의심하는 태도를 갖추는 것이 중요하겠다. 약은 남용하면 독이 되는 법이다. 인터넷의 경박함을 넘어서기 위해서 어렵고 힘든 책읽기를 다시 시작해야 할 때가 온 듯하다.

정치, 감각을 깨다

쥐에 대하여

서양문화에서 쥐는 '저열한 민족'을 비하하기 위해 사용하던 상징이었다. 영국인은 아일랜드인을, 독일인은 유대인을 쥐에 빗대어 불렀다. 일전에 영국의 축구팬들이 박지성 선수를 비하하는 응원가를 불러서 논란이 되었는데, 그때 그 노래가 초점을 맞추고 있었던 것은 '개를 먹는' 한국인에 대한 조롱이었다기보다, '쥐를 먹는' 리버풀 사람들에 대한 비아냥거림이었다.

개는 서양문화에서 인간에게 가장 가까운 '친구'를 의미한다. 모든 친구들이 자신을 저버려도 끝까지 충성을 다하는 존재가 바로 개다. 이런 개를 먹는 '한국'이라는 이미지는 한 마디로 '피도 눈물도 없다'는 뉘앙스를 풍긴다. 말하자면, 이 응원가는 박지성 선수에 대한 조롱이라기보다, 가장 친한 친구마저도 잡아 먹어버리는 '무시무시한 한국인'이 우리 편이니 까불지 말라는 의미를 담고 있는 것이다.

동양문화를 대표하는 중국에서 쥐는 십이지신에서 확인할 수 있듯이 영민함과 성실함을 나타내기도 하지만, 서양에서 쥐가 좋은 의미를 담고 있는 경우는 거의 없다. 이런 쥐의 상징성을 활용해서 나치즘의 유대인 학살을 다룬 아트 슈피겔만의 만화 《쥐》는 어떻게 쥐의 의미가 인종청소를 위한 구실로 재구성될 수 있는지를 잘 보여준다.
유대인은 우수한 게르만 민족에게 해악만을 끼치는 저열한 존재라는
믿음을 전파하기에 쥐보다 더 적절한 상징은 없었으리라.

그러나 이런 나치의 선동은 그다지 효과적이지 않았다. 오히려 이런
상징성 덕분에 우리는 '미키마우스'라는 희대의 캐릭터를 얻을 수
있었기 때문이다. 디즈니가 창조한 이 귀여운 캐릭터는 기분 나쁜
쥐를 인간과 동등한 존재로 각인시키는 계기를 제공했다. 독일의
유대계 철학자였던 벤야민은 이런 인식에 기초해서 인간을 중심으로
만물을 바라보는 시선에 대한 훌륭한 대안을 제공하는 모델이라고
미키마우스의 의의를 높이 평가하기도 했다.

더욱 흥미로운 것은 이런 디즈니의 애니메이션을 즐겨 감상했던
사람 가운데 한 명이 히틀러였다는 사실이다. 자신들이 저지르고
있는 일에 대해 무감각했던 것일까, 아니면 정치는 정치고 문화는
문화라고 생각했던 것일까. 실제로 디즈니의 애니메이션을 가능하게
만든 것이 유럽의 전위예술미학이었다는 점을 감안한다면, 히틀러가
미키마우스에 대해 적대적이지 않았다는 것은 상당히 이례적인
일이었다고 할 수 있다. 히틀러야말로 유럽의 전위예술을 퇴폐라고
낙인찍고 앞장서서 탄압했던 장본인이기 때문이다.

한국에서도 쥐의 상징성과 관련한 흥미로운 해프닝이 이명박 정부
시절에 일어났다. G20 회의를 성공적으로 치르기 위해 노력을
너무 과하게 쏟다보니 여유가 없었던 것일까. G20 회의를 홍보하는
포스터에 '자연스럽게' 쥐의 이미지를 첨가한 혐의로 한 예술가가
체포되었다가 풀려나는 황당한 일이 발생한 것이다. 기존에 설치해
놓은 홍보물에 풍자적인 이미지를 덧붙여서 전혀 다른 의미를
생산하는 그라피티는 세계적으로 인정받는 엄연한 '예술행위'이다.

뱅크시 같은 영국의 예술가는 방문하는 도시 곳곳에 자신의 작품을 낙서처럼 '몰래' 남기는 것으로 유명하다.

G20 회의가 '국격'을 높여줄 것이고, 홍보효과가 30조 원에 달할 것이라고 설레발을 치는 정부이지만, 정작 예술과 문화의 풍자를 받아들일 준비는 되어 있지 않았나 보다. 히틀러도 미키마우스를 용인할 수밖에 없었던 까닭을 심사숙고했더라면 일어나지 않았을 해프닝이다. G20 회의가 우리에게 남긴 것은 회담장의 협상만이 아니다.

상식에 열광하는 사회

학술대회 참석차 한국을 방문한 한 미국인 교수가 질문을 던졌다. 과거 천안함 사건이 발생했을 때, 한국의 언론들은 왜 전쟁위험을 강조하는 보도를 했는지 궁금하다는 것이었다. 자기가 생각할 때, 그런 식으로 사회불안을 조장하면 누구에게도 득이 될 것 같지 않기 때문이란다. 그래서 당시 지방선거를 앞두고 있었기 때문에 정부 입장에서 최대한 천안함 위기상황을 이용하고 싶었을 것이라는 일각의 진단을 들려주었다. 여기에 덧붙여 뉴욕타임스에서 제기했던 일본의 오키나와 미군기지 이전을 둘러싼 분란과 천안함 사건의 지정학적 역학관계도 빼놓을 수 없다고 말했다.

그러자 이 미국인 교수는 의아한 표정으로 '한국에서는 언론이 정부에 협력해도 괜찮은가'라는 물음을 돌려줬다. 이 말은 정부를 지지하는 언론이 대중에게서 제대로 언론 취급을 받을 수 없다는 뜻이다. 곤혹스러웠다. 한국에서 언론이 갖는 특수한 지위에 대해 이야기해 준들 이 교수가 이해할 것 같지 않았다. 한국정치 전공자가 아니었으니 당연한 일이었겠지만, 상식적인 관점을 가진 평범한 미국 지식인을 납득시키기에 한국의 현실은 너무도 복잡다단하다.

같은 학술대회에 참석하기 위해 내한한 노벨문학상 수상자 헤르타
뮐러는 북한을 일컬어 "역사에 적응하지 못하고 미끄러진 괴물
같은 나라"라고 명명했다. 한국의 보수언론이 들으면 좋아할 말을
해준 것이다. 물론 뮐러의 말이 틀렸다고 할 수는 없다. 북한이
사회주의를 통해 근대화를 달성하려다 실패한 나라라는 것은
이제 부정할 수 없는 사실이다. 루마니아 출신인 뮐러의 입장에서
북한을 따라 배우려다가 몰락에 이른 차우셰스쿠 정권은 끔찍한
트라우마의 기억이었을 것이고, 이에 대한 증언은 전체주의의 현실을
생생하게 복기하는 소중한 기록일 것이다. 그러나 광화문에서 벌어진
광복절 행사를 보고 한국에 '민주주의'가 살아있다고 느꼈다는
발언은 대작가답지 않게 다소 성급했다는 생각을 하지 않을 수 없다.

과연 그렇게 민주주의가 꽃핀 나라에서 민간인 사찰이 버젓이
되풀이되고, 4대강 사업 문제를 다룬 방송이 금지되는 사태가
벌어졌겠는가. 역사에 잘 적응한 이런 나라에서 불법 비자금을
조성해 시장질서를 교란시킨 기업가들을 마음대로 사면해
줄 수 있겠는가. 뮐러의 말을 듣고 마냥 좋아할 것이 아니라
우파라면 진정으로 민주주의에 부합하는 일을 자신들이 하고
있는지 반문해 봐야 할 것이다. 정말 부끄러운 것은 솔선수범해서
법을 지키고 도덕적 모범을 보여야 할 우파가 앞장서 자신의
이해관계를 관철시키기 위해 사회질서를 혼란시키는 모습이 너무도
한국사회에서 흔하다는 사실이다. 앞서 언급한 미국인 교수의
상식으로 이해할 수 없는 일들이 여전히 한국에서 일상적으로
일어난다는 점을 뮐러는 알지 못했을 뿐이다.

베스트셀러가 된 《정의란 무엇인가》의 저자 마이클 샌델 교수가
내한해서 놀란 것도 이런 측면과 무관하지 않다. 인기 연예인
못지않은 열광의 분위기에 당황한 기색을 감추지 못한 이

정치철학자는 "의견의 불일치를 받아들이고 도덕적 분쟁을 인정하는 것"을 정의로운 사회로 가는 첫 단계라고 말했다. 너무도 상식적인 이런 이야기가 한국에서 인기라는 사실에 샌델 교수는 놀라지 않을 수 없었을 것이다. 그래서 그도 "한국사회가 그만큼 정의를 갈구하기 때문"일 것이라는 '징후적 진단'을 내리고 있는 것이다. 우리가 북한보다 낫다고 위안만 하고 있을 것이 아니라, 그 북한과 우리가 얼마나 다른지 뼈아픈 반성이 필요하지 않을까.

민간인 사찰

공무원의 공직기강을 확립하기 위해 허용된 권력을 정치적 목적으로 민간인 감시에 사용했다는 것이 민간인 사찰 논란의 요지다. 솔직히 이런 문제가 왜 21세기 한국에서 소란스러운 의제가 되어야 하는지, 황당하다는 말밖에 할 말이 없다.

당시 정부와 여당은 민간인 사찰 사건을 몇몇 '정신 나간 사람들'의 오버로 치부하면서 일단락지으려고 했다. 이런 권력 남용을 '정신 줄 놓은 것'이라고 판단하고 뒤늦게 진화에 나서는 정부와 여당의 태도가 더헹스럽다고 안도해야 함까? 사전에 이런 일이 벌어지지 않도록 적절한 '관리'가 있었다면 좋았겠지만, 뒤늦게라도 문제를 인식하고 재발하지 않도록 철저히 단속한다면 전화위복의 계기로 받아들일 수도 있었을 것이다.

그러나 이런 기류와 별개로 민간인 사찰과 관련한 정당한 문제제기에 '물타기'를 시도하는 해괴한 논리도 여전히 위력을 발휘했다. 예를 들어, 사찰 대상이던 김종익 씨가 노사모 회원이었고 진보성향 역사연구회 회원이었다는 사실을 거론하면서 사찰이 정당했다는 식으로 변호하는 궤변이 대표적이었다. 2010년 지방선거에서 이념투쟁을 정치에 이용하는 것이 아무런 위력을 발휘하지 못한다는 것을 확인했으면서도 이런 논리는 여전히 일부 보수언론과 우파 정치세력에게는 먹음직한 먹잇감으로 보였던 것이다.

왜 이런 일이 되풀이해서 일어나는 걸까? 결론부터 말하자면, 근대국가에 대한 상식적 인식이 없기 때문이다. 이들에게 국가는 여전히 '자기 편의 것'이어야 하는 소유의 대상으로 보일 뿐이다. 권력을 장악하면 국가를 가질 수 있을 것이라는 착각이 이들의 사유를 지배하고 있기에 이런 판타지가 현실감을 얻는 것이다.

흥미롭게도 이런 발상은 한국의 보수언론과 우파들이 그토록 혐오하는 북한 권력집단의 생각과 충격적일 정도로 닮아 있다. 북한 체제의 논리가 '프롤레타리아 독재'의 정당화에 있다는 것을 모르는 사람은 없을 것이다. 이런 근거에서 일인 독재를 정당화해 주는 '수령론'이 체제유지를 위한 논리로 한반도의 반쪽에서 인준받아오지 않았던가? 한국의 우파 중에 박정희체제에 대한 향수를 노골적으로 드러내는 이들이 있는데, 이들의 생각은 한마디로 한국의 번영을 위해 박정희 같은 대통령이 다시 나와야 한다는 것이다. 그러나 안타깝게도 만일 한국이 민주주의로 이행하지 못하고 일인 권력체제로 세계화에 진입했다면 무슨 일이 벌어졌을지 그 진실을 가장 잘 보여주는 국가가 바로 북한이다. 서로 싸우면서 닮는다고 했던가? 희한하게도 한국 우파의 억지 주장은 그토록 혐오하는 자신의 적을 가장 많이 빼다박은 꼴이다.

상식에 근거해서 생각해 보자. 정치적으로 다른 견해를 가졌다고 국가권력이 함부로 민간인을 사찰한다면, 그 권력은 독재라는 용어 이외에 달리 정의할 말이 없지 않은가? '민주주의의 주인은 국민'이라는 말은 '빨갱이들'이 내뱉는 말이 아니라 헌법에 적혀 있는 말이다. 정부에 반대하면 국민이 아니라는 주장을 펼치는 이들은 도대체 몇 세기에 살고 있는지 알 수 없다. 노사모이기 때문에 사찰해도 괜찮다는 논리가 어떻게 가능한 것인지 끝장토론이라도 해보고 싶다. 국가에 세금을 내는 국민이라면 누구나 정부의 잘못을 지적할 수 있다. 정부는 특정 정치세력의 것일 수 있지만, 국가는 국민 모두의 것이기 때문이다. 이게 최소한 근대사회의 상식이다.

현대자동차 노조의 조직이기주의

현대자동차 노조가 단협안에 노조원 자녀 우선 채용을 명시해서
논란의 중심에 섰다. 물론 정년퇴직자와 25년 이상 장기근속자의
자녀에 한해 "채용규정상 적합할 경우"라는 조건을 달긴 했지만,
청년실업과 비정규직 문제가 여전히 산재한 상황에서 불거져 나온
현대자동차 노조의 단협안은 '조직이기주의'의 극치로 비치기에
충분했다.

그러나 안팎의 비난을 무릅쓰고 현대자동차 노조원들 과반수는
문제의 단협안을 통과시켰다. 노동운동의 정당성이 심하게 훼손되는
순간이었다. 당연히 단협안을 둘러싸고 벌어진 이 사태를 두고
"사주는 경영세습, 노조는 고용세습"이라는 세간의 비난이 이어졌다.
일부 보수언론은 '귀족노조'라는 낡은 부적을 다시 끄집어냈다. 사실
현대자동차 노조가 노동운동의 공공성을 자각하지 못하고 있는
것은 사실이지만, 조직 이기주의에 빠진 노조를 '귀족'에 빗대는 것은
형평성을 잃은 수사학이다.

이런 사고방식을 뒷받침하는 것은 "노동자는 귀족처럼 놀고먹으면
안 된다"는 편견이다. 그러나 실제로 우리가 열심히 일하는 까닭은

언젠가 귀족처럼 대접 받는 삶을 살기 위한 것 아닌가. 이것은 근대 이후 인간 사회가 합의한 폐기할 수 없는 평등의 이념이다. '귀족'이라는 말과 '노조'라는 어울릴 수 없는 어휘의 결합은 조롱의 의미를 내포하고 있지만, 실제로 이 사회에 드리워져 있는 노동천시 풍조를 역설적으로 폭로하는 것이라고 할 수 있다.

분위기에 편승해서 개탄의 목소리나 높일 것이 아니라 문제의 원인을 따져보는 자세가 필요하다. 먼저 현대자동차 노조원들의 선택을 이해하려면, 쌍용자동차 노조원들을 상기해 볼 필요가 있다. 사업장에서 쫓겨나다시피 해고된 뒤에 이들이 선택한 길은 스스로 목숨을 끊거나 아니면 살아도 죽은 것 같은 목숨을 유지하는 것뿐이다. 이런 쌍용자동차 노조원들의 비극이 말해 주는 것은 자명하다. 한 번 전락한 삶을 되돌릴 기회가 한국사회에서 다시 주어지지 않는다는 것.

누구는 복직에 대한 미련을 버리고 다른 직장을 찾으면 되는 것 아닌가 순진하게 되물을지도 모른다. 그러나 과연 그렇게 해서 과거와 같은 생활수준을 유지할 수 있는 재기의 가능성이 얼마나 있는지 따져 볼 문제이다. '낙오한 자들'을 버릴 수 있다고 생각하는 곳이 한국사회이기에, 미끄러진 계단을 다시 올라올 수 있는 길은 원천적으로 봉쇄된다. 이렇게 절박한 상황에서 노조에 가입한 노동자들이 선택할 수 있는 방법은 하나이다. 잡은 동아줄을 생명줄로 알고 놓지 않는 것이다.

비단 이와 같은 처지는 해고노동자에게 국한되는 것이 아니다. 한국사회를 살아가는 거의 모든 구성원들이 위기에 처할 수 있다는 것을 간과하지 말아야 한다. 까딱하다간 발밑 천 길 낭떠러지로 추락해서 다시 올라오기 힘들다는 것을 우리 모두는 안다. 실패했다가 살아난 수많은 성공신화들이 양산되지만, 그 밝은 면이 만들어 내는 짙은 그늘을 묻어 버리기 십상이다. 상황이 이 지경이라면, 도대체 누가 이토록 고통스러운 지옥을 만들어 놓은 것인지를 근본부터 묻는 것이 순서이다.

신자유주의는 우리 모두에게 부르주아가 될 것을 주문한다. 노동자도 자기계발서를 읽고 창업전선에 뛰어들어 성공신화를 만들기 위해 분투해야 '창조적 인재'가 된다. 이번 현대자동차 노조의 단협안은 이와 같은 신자유주의 논리를 '조직의 이해관계'로 착각했기 때문에 발생했다. 계급이기주의가 아닌 조직이기주의에 사로잡힐 때 노동운동이 어떤 결과를 초래하는지 생생하게 목격할 수 있는 사례인 셈이다.

정치인은 없고 인기인만 있다

자신의 이름을 모른다는 이유로 주민센터에서 소란을 피운 민주노동당 이숙정 시의원 사건은 당사자의 탈당이라는 최악의 결과로 종결되었다. 당적은 버리더라도 시의원직은 유지하겠다는 심사가 적나라하게 드러난 꼴인데, 이런 상황 종료는 민노당의 이미지에 적잖은 영향을 미쳤다. 이 문제를 둘러싼 논란들이 거셌지만, 결국 지금까지 비판해 왔던 정치인들의 행태를 민노당 소속의 그 시의원도 역시 되풀이한 셈이 되어 씁쓸하다.

왜 이런 일이 발생한 것일까. 가장 손쉽게 윤리적이지 않은 시의원의 태도를 문제 삼으면 이 질문에 대한 대답은 간단하다. 그러나 단순하게 개인의 문제로 이 사건을 바라보는 것은 다소 순진한 관점이라는 생각이 든다. 이 사건을 좀 더 파고 들어가 보면, 한국사회에서 대의제 민주주의를 구성하는 탈정치성의 작동원리가 어렴풋이 드러나기 때문이다.

한국에서 정치가 소거되기 시작한 것은 민주화 이후에 뚜렷하게 확인할 수 있는 현상이다. 이런 탈정치의 국면에서 정치인이라는 거추장스러운 존재를 대체하면서 들어선 것은 흥미롭게도

'인기'(celebrity)라는 기표이다. 국민은 더 이상 '정치인'에게 끌리지 않는다. 김연아나 박지성에 열광하지, 안상수나 이재오에 주목하지 않는다. 인간 박근혜는 정치인이라기보다 인기인에 가깝기 때문에 호감이 지속될 수 있는 것이다.

막스 베버가 정치인의 기본 자질이자 요건이라고 거론했던 카리스마가 정치를 떠나서 문화의 영역으로 넘어왔다는 사실을 이를 통해 알 수 있다. 미니홈피에서 시작해 트위터로 이어지는 인터넷 매체환경의 변화는 이런 상황을 더욱 부채질했고, 결과적으로 정치인이 의회에서 갑론을박을 벌이는 대신, 트위터에 자신의 일상을 올리기에 분주하도록 만들었다.

트위터야말로 정치보다 인기라는 민주화 이후의 탈정치성을 극명하게 보여주는 장치이자, 동시에 정치의 복원을 갈망하면서도 아무런 대책을 내놓을 수 없는 정치인의 위기를 보여주는 선명한 스크린이다. 물론 이 상황은 정치인들 스스로 자초한 측면이 크다. 특히 보수 정치인들은 자기 파괴적인 탈정치화를 부추긴 장본인들이기도 하다. 한국에서 히딩크 감독이나 김연아 선수에 빗대어 자신의 탈정치성을 강조하는 홍보물들을 선거철에 발견하는 것은 그리 어렵지 않다. 자신을 알리기 위해 인기인의 이름을 빌려오는 행태는 카리스마를 거세당한 정치인이 국민의 지지를 얻기 위한 궁여지책에 불과하다.

정치는 적과 아를 가르는 갈등의 상황이다. 적을 규정할 수 없다면 정치는 발생하지 않는다. 따라서 갈등을 회피하고 도외시한다는 것은 정치를 불편하게 여긴다는 의미일 것이다. 한국의 정치인이 적극적으로 정치를 도모한다기보다 자기 집단의 이익을 관철시키기에 급급한 이익단체로 비치는 까닭도 이런 성향과 무관하지 않다. 이런 정치의 부재현상으로 결국 정치 갈등을 통해 단련된 강인한 정치인의 표상이 출현하지 못하는 것이고, 이에 따라 국민을 압도하는 카리스마도 멸종되어 버린 것이다.

이제 정치에 입문한다는 것은 인기인이 되려는 욕망과 별반 차이를 갖지 않는다. 이번 이숙정 시의원의 탈당도 이런 관점에서 문제시 되는 것이다. 정치를 복원해야 할 진보정당의 시의원조차도 의회 진출을 인기인의 관점에서 사고했다는 사실이 가장 심각하다.

공정한 사회?

이명박 대통령은 광복절 경축사에서 '공정한 사회'를 이룩하기 위해 집권 후반기의 국정운영 기조를 잡을 것이라고 말했다. 듣기에 따라 애매한 공정한 사회의 개념에 대해서 이명박 대통령은 "승자가 독식하지 않는" 사회를 지칭한다고 연설문에서 부연했다. 그러면서 "공정한 사회야말로 대한민국 선진화의 윤리적 실천적 인프라"라고 강조했다.

이 대통령이 언급한 '공정성'에 대한 해석이 구구할 수밖에 없지만, 이 통령의 연설은 '정의로운 사회'에 대한 구상을 단순하게 표현한 것이었다.

대통령은 연설에서 비교적 자세하게 자신의 공정성 개념을 설명했는데, "출발과 과정에서 공평한 기회를 주되, 결과에 대해서는 스스로 책임을 지는 사회"가 곧 공정한 사회라고 규정하고 있었다. 그런데 흥미로운 점은 이 대통령이 공정한 사회의 윤리로서 "개인의 자유와 개성, 근면과 창의를 장려한다"고 말했다는 사실이다. 이 대통령의 연설문에 담긴 '공정한 사회'는 평등한 경쟁의 기회를 보장하는 사회를 의미하는데, 궁극적으로 이런 기회의 균등은

'윤리적인 시장경제'를 통해 달성할 수 있을 것이라는 말이다.

윤리적 시장경제라는 것은 무엇일까? 이에 대한 내용도 연설문에 밝혔는데, 세계와 인류를 위험에 몰아넣을 수 있는 "탐욕에 빠진 자본주의"를 견제하기 위한 "윤리의 힘"을 체현하고 있는 시장경제를 지칭한다. 이 대통령이 언급하고 있는 공정한 사회를 이룩해야 하는 목적은 "빈부격차의 함정"을 피해서 분열과 갈등을 해결하고 "우리가 지켜온 가치와 체제를" 지키기 위함이다.

이 대통령의 이 발언은 지금까지 정부가 고수해 온 성장 기조를 버리고 분배와 복지 위주로 국정운영의 패러다임을 바꾸자는 말처럼 들린다. 그런데 그렇지 않은 모양이다. 청와대가 급히 나서서 '공정'과 '상생'을 강조한 것이 '분배 우선주의'를 의미하는 것이 아니라며 불을 끄느라 요란스러웠다. 청와대의 설명에 따르면, 이 대통령의 연설 요지는 앞으로 파이를 더 키워 함께 잘 사는 선진국을 만들겠다는 뜻이란다. 참으로 구차한 설명이다.

언제부터 한국에서 진보는 분배, 보수는 성장이라는 '기치'를 자기들 것인 양 착각했는지 모르지만, 분배와 성장이라는 패러다임은 자유주의 사회이념에서 서로 분리될 수가 없는 것이다. 결국 자유주의 내에서 복지국가모델이냐, 신자유주의모델이냐, 둘을 놓고 서로 싸우는 것이 지금 한국사회에서 표면적으로 드러나는 진보-보수의 대립구도라고 볼 수 있는데, 솔직히 그 속내를 들여다보면, 완전 딴판이 벌어지고 있다. 진보를 표방했던 김대중-노무현 정부가 과연 복지국가모델을 추구했던 것인지 의심하지 않을 수가 없고, 이명박 정부가 말처럼 '신자유주의적인 정책'을 추진하고 있는 것인지도 확신할 수가 없다.

4대강을 파헤치고 국가예산을 투입해서 공공근로를 확대하는 것이 정말 신자유주의적인 정책이라고 할 수 있는가? 진보를 내세우면서 신자유주의적 개혁을 주장하는 이들도 적잖고, 보수를 자처하면서 사회복지국가모델을 정책으로 입안하는 이들도 많다. 이런 상황에서 이 대통령이 말하는 '공정한 사회'라는 게 분배 위주의 정책기조 전환이 아니라는 식의 발뺌은 더운 열대야에 마시는 김빠진 맥주처럼 밋밋하기 그지없다. 언제부터 그렇게 한국사회의 정치인이나 정부관계자가 이념을 위해 목숨을 걸었다는 것인지, 코웃음이 터지지 않을 수가 없다.

공정한 게임의 룰을 만들겠다는 것은 곧 분배를 전제하지 않고 불가능한 일이다. 한 달에 백만 원밖에 벌지 못하는 부모를 둔 아이와 한 달에 일억 원의 수입을 올리는 부모를 둔 아이에게 공정한 게임의 룰을 적용한다는 것이 무슨 의미인가? 최소한 영장류 이상의 지능을 지녔다면, 대답은 아주 간단하지 않은가? 백만 원밖에 벌지 못하는 부모의 아이가 성장 과정에서 차별을 받지 않게 '분배'를 강화하는 것이다. 이것이 바로 사회적 안전망 개념이고, 이를 확보하는 것은 사회적 안정을 최소한 보장하기 위해 정부와 자본가들이 해야 할 의무이다. 왜냐하면 그래야 사회에 대한 자신들의 지배를 지속적으로 확보할 수 있기 때문이다.

결론적으로 말하자면 이 대통령이 말한 '공정한 사회'라는 것은 앞선 정부들이 실시했던 정책과 크게 다를 것이 없는 주장이다. 다만 '친서민'이라는 다른 말로 새롭게 포장했다는 걸 제외하고 특별히 뾰족한 수를 제시하는 것처럼 보이진 않는다. 한국 우파가 임금 인상이나 최저생계비 인상을 '분배'라는 '금기어'로 분칠하기에 바쁜 까닭은 무엇일까? 복지를 자기들의 이해관계에 맞게 '시장화'하려는 의도가 숨어 있기 때문일 것이다.

'사회적 안전망'이나 '제도적 인프라'라는 말을 자의적으로 해석해서 복지에 쓰일 공공자금을 사회사업에 나선 기업에게 투입하고자 하는 숨은 뜻이 없다고 말하기 어렵다. 최저생계비로 지급해 버리면 아무런 이윤을 확보할 수 없지만, 차명진 의원이 참여연대 최저생계비 체험에 참가한 뒤에 발언한 것처럼, 이 자금을 '건강'과 '정보'를 제공하기 위한 인프라 구축으로 전환하면, 일시적으로 일자리를 만들고 해당 사업에 참여하는 기업의 생산성을 높일 수 있는 것이다. 녹색성장 정책의 일환으로 4대강에 친수구역을 건설하고 자전거 도로를 만들어야 한다는 발상이 이를 잘 증명한다.

이명박 정부도, 한나라당도, '정의'나 '공정성'에 대해 논하지만, 그 규정들이 진정으로 정의로운 사회를 위한 것인지 의문을 던질 수밖에 없다. 자기들끼리만 합의한 정의와 공정성을 보편적인 것이어야 한다고 우긴다면, 그것보다 더 불의하고 편파적인 경우는 없다. 공정한 사회라는 말이 공허한 수사로 끝나지 않으려면, 어떻게 자신들의 주장을 실현시킬 수 있을지 구체적인 방안들을 내놓는 것이 순서일 것이다.

박근혜 대세론

안철수 현상 이후 박근혜 대세론을 둘러싼 말들이 무성하다. 안철수 원장이 등장하기 전까지 여러 여론조사에서 박근혜 전 대표는 여전히 부동의 1위를 고수했다. 안철수 현상 이후 '그네 공주와 일곱 난쟁이'라는 우스개가 떠돌 정도로 그에 대한 지지율은 다른 대권 예비후보들을 압도하는 것처럼 보였다. 물론 일각에서 여론조사에 끼인 거품을 지적하기도 했다.

본격적인 대선 국면이 아니기 때문에 박근혜 전 대표 이외에 뚜렷하게 부각되는 인물이 없어서 일어나는 일시적인 쏠림 현상일 뿐이라는 평가였다. 또한 박 전 대표가 이미지 정치로 덕을 본 경우라서 현재의 지지율 이상을 획득하기 어려울 것이라는 주장도 있었다. 이외에도 과거 이회창 대세론에 빗대어서 박근혜 대세론도 종국에 가서 제 발등을 제가 찍는 결과를 초래할 것이라는 '경험론'도 있었다.

모두 일리가 있는 말들이다. 이런 주장들이 나름대로 개연성을 갖추고 있긴 하지만, 결정적인 문제를 놓치고 있는 것이 아닌지 되짚어 봐야 할 것 같다. 왜 박근혜 대세론이 득세했는지, 근본 원인에 대해 질문할 필요가 있는 것이다. 박근혜 대세론은 일시적 거품현상이라기보다,

한국의 대의민주주의 제도가 당면한 위기를 보여주는 구조적인 징후에
가깝다. 중요한 것은 '박근혜'라는 기표이지 '정치인' 박근혜가 내세우는
정책이나 정견이 아니다.

박근혜 대세론을 떠받치는 원동력은 바로 박 전 대표가 정치인처럼
굴지 않는다는 사실에 있다. 박근혜라는 존재는 마치 화폐의 기능처럼
상징적인 교환의 매개일 뿐이다. 이렇게 박근혜라는 기표는 사회
구성원에게 항상 불만의 대상으로 재현되는 국가의 대체물로 나타난다.
말할 것도 없이 지금은 박근혜라는 기표가 점하고 있는 이 지점을
한때는 이명박이라는 기표가 차지하고 있었다는 사실을 상기할 필요가
있다.

한국의 대의민주주의에서 특기할 만한 사항은 국민 대다수가 국회를
대의기구로 생각하지 않고, 대통령을 '자기 편'으로 간주한다는
사실이다. 국회에 모여 있는 이들은 민의를 대변하는 의원이라기보다
사리사욕에 집착하는 '정치인들'에 불과하다. 따라서 대통령은 정치적
이해관계를 초월한 '중성적 존재'로 국민을 직접적으로 대변하는 역할을
해야 하는 것이다. 이런 정치인 대 대통령이라는 구도는 민주화 이후
정치 영역의 기본 구조를 형성해 왔다. 이런 까닭에 대통령 직선제는
강력한 대통령제라는 한국 민주주의의 특징을 고스란히 보여주는
증거가 된다.

이런 조건에서 박근혜 대세론을 돌아본다면, 상황은 더욱 명확해진다.
박 전 대표의 단점으로 곧잘 거론되는 현안에 대한 침묵, 계파
정치인과의 불통, 그리고 실질적인 정책 내용의 부재야말로 오히려
그의 대세론을 가능하게 만드는 원인이라는 사실을 알 수 있다.
말하자면, 박근혜 대세론은 바로 중성적이었던 박 전 대표의 특성에서
기인했다는 것을 부정하기 어렵다.

과거 이명박 대통령이 유력한 대선 후보로 부상하고 마침내 권력을
손에 넣을 수 있었던 까닭도 정치인답지 않은 중성적 특성 때문이었다.
따라서 박근혜 대세론은 갑작스레 나타난 현상이라기보다 오히려
정치와 경제를 분리시켜서 지속적으로 전자를 후자의 적으로
간주했던 정치인들 자신이 자초한 결과라고 할 수 있다. 결론적으로
경제적 이해관계를 조정하는 것이 곧 정치라는 사실을 자각하는 것이
중요하다. 안철수 현상은 이런 조정의 정치에 대한 지지이기도 하다.
이 한계를 넘어갈 수 있는 것은 불화의 정치이다. '국민'이라는 합의를
깨트리는 그 불화의 정치가 다시 돌아올 때, 박근혜 대세론이라는
징후는 균열을 드러내게 될 것이기 때문이다.

오세훈과 박근혜

무상급식 주민투표는 시간이 지날수록 점입가경이었다. 전면무상급식 여부를 묻는 정책투표라는 본래 취지는 종적을 감추고 여당과 야당이 투표 참여와 거부를 놓고 옥신각신하는 정치적 상황이 벌어졌다. 이상한 일이었다. 평소에 그토록 정치를 두려워하던 정부 여당의 분위기와 사뭇 다른 풍경이 펼쳐졌다.

직접민주주의라면 정색을 하던 여당 의원 입에서 참여율로 주민투표의 유효성을 판단하는 것은 민주주의 원칙에 위배된다는 주장을 듣게 되었으니 참으로 아이러니한 일이다. 항상 정책과 정치를 구분해서 후자를 억압하기 위한 근거로 전자를 거론했던 여당의 태도가 이렇게 변했다는 것이 믿기지 않는다. 지방자치선거를 정치화한다고 비난했던 장본인들이 지극히 행정적인 사안을 정치적인 문제로 비화시키는 무리수를 둔 것이다. 한 마디로 오세훈 시장의 공적이다.

대선 불출마 선언에 이어 시장직 사퇴도 불사하겠다는 오 시장의 결단은 예외적인 일이었다. 무상급식 문제가 그렇게 중요한 일인지 아무리 생각해도 선뜻 납득할 수가 없었다. 그런데 왜 오 시장은 끊임없이 주민투표에 집착을 보였던 것일까? 모두가 의아하게 생각하는 이 지점에서 오 시장, 아니 더 정확하게 말하면 오세훈이라는 개인을 과잉의 주체로 몰고 간 욕망의 정체가 드러난다.

사실 오 시장이 무상급식 주민투표를 줄기차게 주장한 배경은 보수층 결집에 있다고 볼 수 있다. 왜냐하면 오 시장을 당선시킨 득표수가 주민투표 성사 여부를 결정짓는 최소투표율보다 낮은 현실에서 무상급식이라는 중립적 사안을 정치화해서 득을 보겠다는 것은 논리적으로 맞지 않은 태도이기 때문이다. 이런 조건에서 오 시장이 주민투표를 강행한 것은 겉으로 보기에 '뻘짓'으로 보일 수 있다.

그러나 '정치인' 오세훈의 관점에서 본다면, 주민투표라는 사안은 대단히 중요한 의미를 갖는다. 주민투표를 명분으로 오 시장이 던진 승부수는 곽노현 교육감이나 민주당을 겨냥한 것이 아닌 것처럼 보인다. 오히려 오 시장이 흔들고자 했던 것은 박근혜 대세론이다. 오 시장은 무상급식 논쟁을 통해 박근혜 전 대표에 대한 폭넓은 지지를 이끌어 내는 요인 중 하나인 복지담론에서 주도권을 쥐고자 했다. 대선 불출마 선언은 이렇게 너무도 뻔한 추측에 대한 부담을 덜기 위해 나온 것이다. 투표 결과에 시장직을 내건 것도 중립적인 박근혜의 이미지에 대항해서 비타협적인 보수정치인 오세훈의 이미지를 각인시키기 위한 전략이었던 셈이다.

박근혜 대세론이 요지부동이고 범야권 후보도 제대로 윤곽을 드러내지 않은 상황에서 야당의 복지정책을 포퓰리즘이라고 맹렬하게 비판하는 것은 어딘가 앞뒤가 맞지 않은 일이었다고 하겠다. 곽 교육감이 야당의 복지정책을 대변하는 유력한

대권후보도 아니고, 무상급식 문제가 복지정책의 전부도 아닌
마당에 오 시장의 행보는 여당의 입장에서도 괜한 분란을 일으키는
일이었다. 따라서 오 시장의 과잉을 설명하는 근거 중 하나로 박 전
대표에 대한 견제를 지목하는 것은 그렇게 생뚱맞은 판단이 아니다.

무상급식 주민투표는 여당과 야당의 대결이나, 오 시장과 곽
교육감의 대립도 아니었다. 그 배경에 놓여 있는 것은 '정치인'
오세훈과 '정치인' 박근혜였다. 이런 관점에서 본다면, 주민투표가
실패하더라도 '정치인' 오세훈이 잃을 것은 없었다. 결과에 상관없이
박근혜와 다른 선택지로서 보수 유권자에게 존재감을 부각하기에
충분했기 때문이다.

무상급식 투표는 오세훈 시장의 신임을 묻는 정치쇼였다고 할
수 있다. 정치인 오세훈은 대권을 염두에 두고 서울 시장직에
나섰지만 그 결과는 신통치 않았다. 거듭된 행정적 패착이 그에게
가장 큰 정치적 자산이었다고 할 수 있는 깨끗한 이미지를 모두
날려버렸다. 제2의 이명박을 꿈꾸던 행보는 예상치 못했던 올 여름의
자연재해로 인해 결정적으로 어려움에 봉착했다. 박근혜 대세론은
요지부동이고, 이대로 있다가는 포스트 박근혜도 노릴 수 없는
상황이 되어 버린 것이다. 이런 상황에서 야망의 정치인 오세훈이
선택할 수 있는 길은 판을 크게 흔들어 놓는 것이 아니었을까.
다분히 노무현을 벤치마킹한 느낌을 지울 수 없지만, 오 시장의
전략은 주효한 것처럼 보인다.

무상급식 문제를 정치화하면서 보수의 투사로 자신을 이미지
메이킹한 그는 비록 투표에서 실패하긴 했지만, 이어질 선거
국면에서 중요한 역할을 할 수 있는 위치를 선점하고자 했다. 이런
까닭에 무상급식 투표 이후에 전개될 정계구도를 오세훈 개인에

국한해서 파악하는 것은 옳지 않았다. 무상급식 투표 정국에서
가장 손해를 본 당사자는 박근혜 전 대표였던 셈이다. 결국 개입하지
않는 쪽을 선택했지만, 그로 인해서 박근혜는 팬스레 욕을 들어먹는
처지가 됐지 않은가.

무상급식 정국을 통과하면서 보수우파에게 박근혜의 원칙주의는
갑자기 갑갑한 보신주의처럼 비쳤을 것이다. 가만히 있다가 유탄을
맞은 꼴이다. 이런 까닭에 투표율 25.7%는 의미심장한 숫자이다.
물론 실제로 개봉해 보면 반대표가 나올 수도 있겠지만, 그렇더라도
이 숫자는 오 시장 개인에 대한 지지층을 보여주는 지표라고 볼 수
있다. 말하자면, 투표율 25.7%가 박근혜에 대적할 수 있는 1순위
후보로 오시장을 부각시키고 있다는 사실을 부정하기 어렵다. 지금
현재로 본다면 야권 후보 누구도 달성할 수 없는 지지율이다. 게다가
이 숫자가 박근혜 지지자들과 대부분 겹치는 유권자 수이기도
하다는 점에서 향후 오 시장의 존재를 무시할 수 없게 된 것이다.
서울시장 선거와 총선, 그리고 대선으로 이어지는 국면은 박근혜
전 대표를 어떻게든 수면 위로 부상시킬 수밖에 없고, 이 과정에서
다양한 도전을 받게 될 것이 뻔하다. 당연히 이 국면에서 확고한
보수우파의 지지를 획득한 오 시장이 박 전 대표를 압박하는 카드
노릇을 할 가능성이 높지 않겠는가.

이 모든 것을 가능하게 만든 원동력은 대권을 향한 오 시장의
야망이겠지만, 그의 야망은 분명 친박계와 긴장관계를 조성하고
있는 친이계에게 유리한 것이었다. 따라서 무상급식 투표를 둘러싼
'이해할 수 없는 폭주'가 오세훈 개인의 '똘끼' 때문에 발생했다고
말할 수는 없다. 나름대로 치밀한 정치적 계산들이 깔려 있었던
셈이다. 당내에서 유력한 대권 후보로 부상한다면, 그 이후 이미지
메이킹은 그렇게 어렵지 않다고 생각했을 수 있다. 이런 까닭에

박근혜 대세론을 흔드는 일은 오 시장이나 친이계로 본다면 사활이 걸린 과제이다. 그러나 대권을 향한 오 시장, 또는 친이계의 행보에서 걱정스러운 것은 이런 방식이 지극히 구태의연한 정치공학적 사고에 근거하고 있다는 점이다. 결국 이렇게 강남의 지지를 바탕으로 타 지역과 계층을 포섭한다는 전략은 그 이후 확인되었듯이 전혀 성공하지 못했다. 예기치 않은 안철수 태풍이 들이닥쳤기 때문이다. 이처럼 이들의 '정치'가 실제로 일상에서 발생하는 정치적인 것을 억압하는 또 다른 관리장치에 불과하다는 것을 '시민들'이 깨닫는다면 예상했던 것보다 더 나은 결과를 기대할 수 있을지도 모르겠다.

복지국가에 대한 혐오

《동아일보》에 칼럼을 쓰는 김순덕 같은 사람이 아마도 전형적인 한국 주류 부르주아의 내면을 보여주는 이데올로그일 것이다. 진정 우파도 위기는 위기이다. 이제는 한나라당을 보고 '사회주의 정책'을 쓴다고 비난을 하고 있으니 말이다. 김순덕의 주장은 '시민'과 '서민'을 나눠서, 시민을 '국가의 도움을 바라지 않고 홀로 노력해서 성공하는 개인'이라고 말하려는 것 같다. 너무 개념 정의가 고전적이긴 하지만, 나름대로 맥락이 있는 현실 파악이다.

전형적인 우파의 '엘리트주의'를 여기에서 확인하는 것은 어렵지 않다. 이 칼럼을 지배하는 이념은 도저한 계몽주의이다. 이 계몽주의는 한국에서 진보-보수를 막론하고 출몰한다는 특징을 갖는다. 진보버전이 '국개론'이라면, 보수버전은 '거지론' 또는 '철부지론'이다. 이번 김순덕 칼럼은 '거지론' 버전에 가깝다. 국민을 '시민'으로 만들어야 할 정치인들이 복지타령이나 하면서 오히려 '서민'이라는 용어를 사용해서 관존민비 사상을 전파하고 있다는 논리가 이를 통해 가능하다. 재미있다.

좀 과장이 섞여 있긴 하지만, 엄밀하게 말하자면 실제로 복지제도가 김순덕 같은 '한국형 자유주의 시민'의 혐오를 받을 만한 근거가 아예 없진 않다. 복지제도를 도입해서 사회안정을 추구했던 최초의 정치인이 독일의 철혈재상 비스마르크라는 걸 감안하면 말이다. 최근 출간된 조너선 스테인버그의《비스마르크: 어떤 생애》라는 책을 보면, 어떻게 이 냉혹한 지략가가 자유주의와 손을 끊고 사회주의를 견제하기 위해 가톨릭과 연대해 복지국가를 건설하는지를 생생하게 증언하고 있다. 비스마르크가 처음으로 사회복지 입법을 통과시키고, 상해보험과 의료보험제도를 실시한 때가 1883년 봄이다. 사실 역사적으로 비스마르크가 단행한 여러 조치들을 보고 있으면 박정희를 떠올리지 않을 수 없다. 자유주의와 연합하지 않은 것이나, 사회주의를 차단하기 위해 복지제도를 실시한 것이나, 여러모로 박정희는 비스마르크의 복지정책을 연상시키는 일들을 했기 때문이다. 여기에서 김순덕 칼럼의 노림수가 어렴풋이 윤곽을 드러낸다.

겉으로 보기에 이 칼럼은 '복지제도'를 공격하는 것처럼 보이지만, 속내는 그렇지 않다. 한나라당의 친서민정책을 '사회주의 인간'을 길러내는 것이라고 말하는 모양새를 보면, 그 예각은 평소에 복지제도를 주구장창 노래해 온 진보세력만을 노리는 것처럼 보이지 않는다. 그의 타박은 한나라당 내부로도 향하고 있다. 이 칼럼이 겨냥하는 대상 중 하나는 "아버지의 꿈이 복지국가였다"는 문장 하나로 한국의 진보-보수 대립구도를 한방에 무화시켜버린 박근혜일 것이다. 다음과 같은 결론을 보면 말이다.

"내가 낸 세금으로 '퍼주기 공세'에 열 올리는 여야 정치인들은 계산을 잘해주기 바란다. 지금 서민들의 복지욕구가 거세 보이지만 순식간에 바뀌는 게 민심이다. 내년엔 당신들에게 세금 바치기 싫다는 시민들의 욕지기가 더 커질 수도 있다."

이런 주장에서 알 수 있듯이, 김순덕 같은 이들이 아직도 우파
이데올로그 노릇을 하면서 명맥을 유지한다는 것은 진보좌파의
잘못이라기보다 보수우파의 잘못이다. 이걸 깨달아야, 한국에 근대적
의미에서 '시민상식'이라는 것이 가능할 것이다. 굳이 좌파까지
나서서 사회의 상식을 '걱정'해줘야 하는 일은 이제 더 이상
없어야겠지만, 그게 어디 말처럼 쉬운가.

우파들이 복지를 반대하는 논리를 한 마디로 요약하자면
'부자의 돈을 빼앗아서 가난한 자에게 나눠주는 무상복지론은
공공의 이익에 위배된다'는 것이다. 《뉴데일리》처럼 빨갱이론에
손쉽게 기대지 않고 몰락한 사회주의 운운하면서 무상복지론이
시대착오적이라고 말하고 있다는 사실이 그나마 위안이다. 그러나
이들에게 무상복지론은 사회주의 사상도 아니고, 게다가 복지는
'무상'(사전에 나오는 이 말의 의미는 "어떤 행위에 대하여 아무런
대가나 보상이 없음"이다)이라고 그 누구도 주장하지 않는다는 것이
진실이다. 놀고먹는 것이 복지라는 말은 우파가 좌파를 공격하기
위해 지어낸 말일 뿐이다.

좌파에게 '무상'이라는 개념은 없다. 비슷한 개념이 있다면 '자본가가
독점하고 있는 생산수단을 국가라는 공공적인 권력으로 관리한다'는
정도일 것이다. 이게 어떻게 '공짜'를 의미하는 '무상'이라는 말로
대체가능한 것인지, 알다가도 모를 일이다. 말하자면, '세상에
공짜는 없다'는 주장을 하는 장본인들이 바로 좌파인 것이다. 이런
맥락에서 '계급투쟁은 현실이다'는 명제가 가능하다. 맑스와 레닌,
더 나아가서 최근 유행하고 있는 좌파 정치철학자들의 주장을
읽어보라. 거기 어디에 '무상'으로 인민의 복지가 달성된다고
쓰여 있는가. 사회주의 사상은 말 그대로 생산력주의였다는 것을
이의춘 씨는 모르는 모양이다. 당시 지식인들이 사회주의에 동의한

까닭은 사회주의야말로 생산력의 발전을 무한대로 보장해줄 수 있는 체제라고 생각했기 때문이다. 무상복지론을 개탄하는 자칭 우파들치고 사회주의에 대해 제대로 알고 있는 경우를 보기 힘든 게 한국의 현실이다. 한심할 뿐이다.

결국 우파의 생각은 부자의 돈을 빼앗아서 복지를 실시하면 경제를 망치는 것이고 나라를 망하게 하는 길이다. 이런 논리에서 자연스럽게 그는 '부자의 돈을 빼앗는 건 공공의 이익에 위배된다'는 결론이 도출되는 것이다. 그런데 이런 논리가 승인 받으려면, 그 부자가 자신의 돈을 공공의 이익을 위해 '사용'해 왔다는 증명이 필요하다. 이게 맑스가 《자본》에서 규정하는 자본가와 수전노의 차이이다. 자본가야말로 돈이 아니라 '자본'이라는 공공의 이익을 위한 부의 축적에 집착하는 사람이다. 자본가적 주체는 '자본=공공성'이라는 논리를 존재화하는 당사자이다. 그런데 과연 한국의 부자들이 이런 자본가의 품성을 보여 왔는가? 삼성 세습에서 보듯이, 현실은 전혀 그렇지 않다는 게 내내 증명되었다. 이런 불일치를 어떻게 설명할 수 있단 말인가? 눈에 엄연히 보이는 현실을 외면하고 혼자 공염불만을 읊고 있는 것이 우파 이데올로그들의 문제이다.

사실 우파가 살아남는 길은 계급투쟁을 피하는 것뿐이다. 계급투쟁이 격화되어서 우파에게 좋을 게 없다. 그래서 우파는 '공짜밥'을 베풀어야 한다. 그게 역사에서 우파의 미덕으로 칭송받는 선행들이다. 경주 최부자댁을 노블레스 오블리주의 전범이라고 떠받들면서도 한편으로는 무상급식론을 개탄하는 분열증을 이제 한국의 우파는 그만 좀 보여주길 바란다. 아무리 생각해 봐도 정말 한국은 노동계급보다도 부르주아가 더 문제인 곳이다. 세계사 어디를 봐도 이렇게 부르주아가 철학도 없고 도덕도 모르는 경우는 없으니 말이다.

두 보수주의의 위기

바야흐로 한국은 보수주의의 위기를 맞고 있다. 민심이 떠나버린 정부여당의 모습을 생각하면 당연한 주장이라고 생각할 수도 있겠다. 그러나 여기에서 지칭하는 보수주의는 지금까지 진보세력이라고 자처해 왔던 이들 일부도 포괄하는 세계관이다. 사회복지를 주장하고, 정부여당에 맹렬하게 반대한다고 보수주의자가 아닌 것은 아니다.

한국에서 대체로 이념지향은 민주주의와 자본주의에 대한 태도를 통해 결정됐다. 전자를 후자보다 중요하게 여기면 진보고, 그 반대면 보수로 분류했던 것이다. 그러나 이런 구분은 다분히 '민주적 자본주의'라는 일란성 쌍생아를 두고 붙인 다른 이름에 불과하다.

자본주의를 곧 민주주의의 원리로 받아들인다는 점에서 이들은 같은 문제의식을 공유한다. 이런 까닭에 겉으로 보기에 한국사회는 격렬한 이념 갈등을 분출하는 것처럼 보이지만, 정치 영역을 떠나 경제 영역으로 넘어오면 전혀 그렇지 않은 것이다.

문제는 언제나 자원의 분배 방식이다. 어떻게 선택과 집중을 적절하게 이루어 경제를 효과적으로 운영할 것인지 이 문제를 두고 다투는 것이 이를테면 한국에서 흔하게 볼 수 있는 진보와 보수의 대립구도이다. 물론 분배방식을 결정하는 입장 차이는 있다. 대체로 진보라 자처하는 이들은 구성원의 선택을 강조하면서 사회적 요구와 권리를 중요하게 내세우는 반면, 보수라고 자기 규정하는 이들은 시장의 한계수익성에 근거해서 자유로운 시장효과의 극대화를 최우선으로 설정한다.

심각한 갈등을 야기하는 것 같지만, 두 입장 모두 자본주의 경제를 일종의 '자연법칙'으로 인준하고 있다는 점에서 서로에 대해 크게 변별력을 갖지 못한다. 결론적으로 자기 세력이 다른 세력보다 훨씬 더 자본주의에 적합한 존재라고 유권자들을 설득하는 것이, 말하자면 한국의 정치였던 셈이다. 자신의 이해관계를 재현해 줄 정치인이 아니라, 살림살이를 도맡아줄 경영인을 선택하는 것이 민주화 이후 한국 정치의 본질이었다.

사정이 이러하니, 마음에 들지 않는 정치인을 경영인 바꾸듯이 해임할 수 있다는 생각이 정당성을 획득했고, 국가경영을 효율적으로 하지 못한 대통령은 처벌을 받아야 마땅하다는 생각이 정의라는 이름으로 자리 잡았다. 여기서 주목해야 할 것은 이런 논리를 구성하는 근거가 결코 정치적이지 않고 도덕적이라는 사실이다.

정치라는 것은 사회에서 근본적인 갈등을 관리하는 과정에서 출현한다. 갈등 자체가 정치라기보다, 이것을 제도화하고 사회화하는 것이 정치이다. 따라서 정치는 모든 갈등을 다 포섭할 수 없다. 언제나 여백이 정치에 내재하는 것이다.

이 여백을 만들어내는 것이 자본주의를 떠받치는 물질적 차원이다. 진짜 갈등은 여기에 있고, 이 갈등에서 실질적인 정치가 움튼다고 생각하는 이들이 원칙적으로 말해서 진보이다. 노동자도 시민이라는 주장과 시민도 노동자라는 주장이 서로 만나는 지점에서 진정한 정치성의 씨앗이 싹을 틔울 것이다. 문제는 진보로 착시현상을 일으켜 온 보수주의가 이런 자명한 정치성을 억압하는 일이 다반사였다는 사실이다.

그러나 이런 보수주의가 더 이상 작동하기 어렵다는 현실을 보여준 예가 바로 안철수 현상이었다. 안철수 개인이 진보라는 뜻이 아니다. 기존에 작동하던 정치구도를 무의미하게 만들어버린 안철수 현상은 자본주의를 관리하기 위한 두 보수주의 모두에게 충격을 주기에 충분했다. 나쁜 경영인이 망쳐 놓은 자본주의를 정상화해 줄 새로운 경영인에 대한 요청이 진짜 보수주의에 대한 열망으로 표출되고 있다는 사실에서 보수주의의 위기를 읽을 수 있다.

'정치인' 문재인

요즘 들어 화제를 불러일으키고 있는 문재인 이사장의 인기를 어떻게 봐야 할까? 최근 여론조사에서 그는 야권 단일후보 1순위로 올라섰다. '봉숭아 학당'이라는 편잔을 듣던 야권에 흥미로운 변수 하나가 던져진 셈인데, 문 이사장이 가세함으로써 침체에 빠졌던 선거판도에 새로운 바람이 불 가능성이 점쳐지고 있다.

미래를 예측한다는 것은 언제나 어렵지만, 정치공학적인 측면에서 보더라도 문 이사장의 대권 행보는 없는 것보다 나은 효과를 발휘할 것이 분명하다. 그러나 좀 더 냉정하게 상황을 파악할 필요가 있다. '문재인의 운명'에 대한 관심과 정치인 문재인에 대한 지지가 과연 상동성을 갖는 것인지 따져 보아야 한다.

정치인 문재인에 대한 호출은 박근혜 대세론에 대한 대항테제 성격을 짙게 띤다. 결론부터 말하자면, 이런 요구는 박근혜 대세론을 지속시키고 있는 '인물중심주의'에서 벗어나지 못한다는 한계를 노정한다. 이 한계에 갇히는 순간, 정치인 문재인은 '노무현'이라는 상징자본을 상속 받을 수밖에 없다. 노골적으로 문 이사장을 가리켜 제2의 노무현이라고 지칭하는 것은 그래서 당혹스러운 현실 인정이다.

'죽은' 노무현과 '산' 박근혜를 대립시키는 구도에서 승자는 너무도 자명하지 않은가?

인물론에 인물론으로 맞서는 전략은 야권에 끊임없이 외부인사 영입을 기정사실로 강제했다. 사정이 이러니, 정권교체라는 대의를 위해 새로운 인물을 계속 찾아나서야 하고, 그 결과가 여의치 않게 되면 아무도 책임질 필요가 없는 상황이 반복되는 것이다. 결국 야권에서 문 이사장에게 요구하는 것은 박근혜 대세론으로 굳어가는 판을 흔드는 일이다. 그리고 그 배후에 드리워져 있는 것은 노무현이라는 과거의 귀환이다.

그러나 일각에서 제기되는 이런 기대는 자칫 위험한 상상에 그칠 수 있다. 문 이사장이 대권행보에 나서지 말라는 법은 없지만, 문제는 문 이사장의 인기가 상당 부분 박 전 대표의 인기와 겹친다는 점에 있다. 이런 동일성으로 인해 문 이사장이 박 전 대표에 대응하는 적절한 야권 후보인 것처럼 착시현상을 일으키고 있는 것도 사실이다.

반복해서 말하지만, 고정적인 여권 지지자들 이외에 중립적인 유권자들이 박 전 대표에게 관심을 갖는 까닭은 정치인처럼 보이지 않기 때문이다. 이런 사정은 문 이사장의 경우에도 크게 다르지 않다. 문 이사장이 노무현 재단에 충실하면서 정치권과 거리를 두었기 때문에 그에 대한 관심이 증폭된 것이라고 할 수 있다. 막상 그가 정치일선에 뛰기 시작하면 바라보는 시선들에 상당한 변화가 있을 수밖에 없다. 이 과정을 '검증'이라는 편리한 발상으로 무마하는 것이 지금 분위기이지만, 이렇게 '안 되면 말고' 식으로 이루어지는 외부인사 영입이 대선국면에서 과연 야권의 존재감을 부각시키기에 적절한 것인지 의문을 가질 수밖에 없다.

특별한 사건의 체험은 언제나 그 사건 자체를 반복시키고 싶은 욕망을 내재한다. '다시 한 번'을 외치는 유혹의 법칙이 작동하는 것이다. 문 이사장에 대한 야권의 기대는 과거 노무현을 통해 얻었던 그 쾌락을 다시 한 번 즐겨보겠다는 심사를 드러내는 일이다. 입으로 정책대결을 내세우면서도 결국 '바람의 정치'로 나아갈 수밖에 없는 현실은 그만큼 무기력한 야권의 정치력을 보여주는 것이다.

'새로운' 정치인은 어떻게 가능한가?

리얼리티 TV라는 장르는 영미권의 대중문화에 기원을 두고 있지만, 한국에서 물을 만난 것처럼 보인다. 요즘 유행하는 이른바 '오디션 프로그램'이 대개 이 장르에 속하는데, 이제 '예능'이라고 불리는 연예인 토크쇼에까지 침투해서 장르의 논리를 바꿔놓은 지 오래다. 리얼리티 TV는 현실이라고 불리는 것 너머에 아무것도 없다는 체념의 논리를 드러내는 장르이기도 하다. 얼마 전까지도 우리는 디지털 카메라에 비친 현실을 신뢰하지 않았다. 쉽게 보정할 수 있는 디지털 카메라보다 필름 카메라가 훨씬 진실을 담아낸다는 믿음이 있었던 것이다. 이제 사정은 완전히 달라졌다.

아름다운 자연의 풍경을 보여준다고 생각했던 영화의 한 장면이 실제로는 컴퓨터그래픽이었다는 사실을 이제는 아무도 이상하게 여기지 않는다. 기술의 투명성이 현실의 왜곡을 방지할 수 있다는 전제는 쓸모없는 것처럼 보인다. 오히려 기술이 그 현실을 판타지로 만드는 역할을 하기 때문이다. 그러나 이렇게 매끄럽게 보이는 이미지를 구성하는 현실의 실재는 때로 엉뚱한 모습으로 귀환하기도 한다. 〈순간포착 세상에 이런 일이〉처럼 르포와 오락을 적절하게 섞어 놓은 프로그램에서 이런 예는 두드러진다. 언제부터인가 이들 프로그램은 한국사회가 간과하는 현실의 변화를 순간적으로 드러내는 매개 노릇을 톡톡히 해왔다.

예를 들어, 우리는 〈세상에 이런 일이〉에서 심심치 않게 1997년 금융위기의 여파로 사업을 접고 산 속에 은거하고 있는 '기인들'의 모습을 볼 수 있었다. 겉으로 보기에 이들은 유유자적하는 것처럼 보이지만, 실제로는 생존의 벼랑 끝으로 내몰린 한국사회의 구성원이라는 사실을 어렵지 않게 알 수 있다. 심각한데 절대 심각하게 보이지 않는 것이다.

현실이 텔레비전에 등장했을 때, 상황은 상징이 된다. 쉽게 말하면, 언어와 논리로 그 상황을 설명하려고 시도한다는 뜻이다. 물론 언어와 논리 이전에 작동하는 감각적인 반응이 있는데, 이 과정을 통해 경험은 과거의 감각체계로 포섭되는 것이다. 상황을 상징화하는 이런 경로는 과거에 대중문화의 현실왜곡에 대해 비판적이었던 입장과 사뭇 다른 접근을 요구한다. 텔레비전을 통해 현실을 바라보는 대중은 카메라의 조작 때문에 실감을 잃어버리는 것이라기보다, 현실을 설명하는 방식을 얻고자 하는 것이다.

이 방식이야말로 '연민'이다. 연민의 정서가 리얼리티 TV로 옮겨 앉으면 사연의 세계를 만들어낸다. 숱한 사연들이 얽혀서 공감의 네트워크를 형성하는 것이 이를테면 이 장르의 파급력이다. 파급력의 중심에 '중립성'이라는 것이 있다. 이 중립성은 진행자나 방송 내용의 편파성과 아무런 상관이 없다. 중립성이라는 것은 위상학적으로 중간에 있다는 뜻이라기보다, 기존의 가치체계를 구성하는 기준점과 다른 차원에 있다는 것을 의미한다. 좋은 것과 나쁜 것, 옳은 것과 옳지 않은 것을 두고 옥신각신하는 이분법을 넘어서는 인식에 대한 요구가 중립성에 대한 지지로 나타나는 것이다. 소셜테이너나 정치풍자가 인기를 얻는 까닭이다.

이 중립성에 대한 지지는 기존 틀에 얽매이지 않는 탈권위주의적인 파격에 대한 취향으로 나타나기도 한다. 〈나꼼수〉 같은 정치풍자쇼가 인기를 누리는 이유이리라. 〈나꼼수〉의 인기 비결은 정치를 재미있게 만들었기 때문이라고 분석하지만, 실제로 이명박 대통령이라는 '공통의 대상'을 함께 향유할 수 있는 형식을 만들어냈기 때문에 성공한 것이다.

〈나꼼수〉는 정치를 말하지만, 이 정치가 "대통령 잘못 선출하면 내 삶이 힘들어진다"는 지극히 상식적인 내용밖에 지시하고 있지 않다는 사실은 상당히 흥미롭다. 유권자들이 이 사실을 몰라서 이명박 대통령을 당선시킨 것이 아니기 때문이다. 문제는 잘잘못을 가릴 수 있는 기준점의 재설정이다. 이 행위가 정치이고, 이것을 제시할 수 있는 당사자가 바로 '새로운' 정치인의 표상이 될 것이다.

국회 난투극

언제부터인가 국회에서 난투극은 일상이 되어 버렸다. 한나라당 예산안 처리 강행을 둘러싸고 다시 난투극이 벌어졌다. 익숙한 풍경이라서 별반 감흥이 없을 수도 있겠다. 여야를 막론하고 자신의 정당성을 강변하는 것도 빼닮았다. 김무성 의원은 야당의 저지를 뚫고 예산안을 강행처리한 한나라당 의원들을 지칭해서 '정의롭다'고 말했다. 정의라는 말을 제대로 알고 이런 수사학을 구사한 것인지 궁금하다.

유사한 상황이 벌어질 때마다 사람들은 아수라장으로 전락해 버린 국회의 이미지를 부각시키기에 여념이 없지만, 정작 문제의 본질은 겉으로 드러나는 모습에 있는 것이 아니라는 생각이다. 원인을 따져 물어서 일방적으로 자신의 예산안을 밀어붙인 여당의 문제점을 지적할 수도 있겠지만, 중요한 것은 국회의 존재 이유라고 할 '합의'가 제대로 이루어지지 않았다는 사실일 것이다. 야당은 여당의 일방주의를 규탄하고 예산안 처리를 독재라고 비판하지만, 이런 관점 또한 지금 벌어지는 사태에 대한 단면적인 진단이라는 인상을 지울 수가 없다. 권력의 집행이 언제나 일방적이라는 점을 감안한다면, 사안의 중대성은 국회를 권력에 대한 제어 장치로 작동시키지 못하고 권력의 직접적 충돌지점으로 만들어 버렸다는 점에 있다. 한마디로 이렇게 반복적인

국회의 폭력사태는 합의에 기초한 대의 민주주의 자체의 위기를
드러내는 징후라고 할 수 있다.

국회는 사회를 구성하는 개인의 부분집합들을 대의하고 재현하는
기구이다. 따라서 국회의 가장 중요한 기능은 서로 충돌하는 사회적
이해관계를 조정하는 일이다. 그런데 지금 국회의 모습은 어떠한가?
수사학이 점유해야 할 지점을 직접적인 물리력이 점거하는 이
스펙터클을 어떻게 받아들여야 할까? 어떤 이들은 후진적인 한국의
정치상황을 개탄하기도 하지만, 하루 이틀도 아니고 언제까지 이
모든 것이 한국의 후진성에서 기인하는 문제라고 이야기할 것인가?

정확하게 말하면, 이런 상황이 거듭 벌어지는 까닭은 한국 정치의
후진성 때문이 아니다. 오히려 한국 정치상황의 역동성에 국회가
적응하지 못한다고 보는 것이 옳지 않을까? 한국사회의 대다수
구성원들이 국회를 대의나 합의의 장소라고 생각하지 않는다는
점에 문제의 심각성이 있다. 국회가 사회구성원들의 이해관계를 전혀
대의하지 못하는 무능 상태에 빠져 있다는 방증인 것이다.

이런 무능함의 곤혹은 여야를 막론하고 모두 직면한 문제다.
사회구성원들이 국회를 통해 자신의 이해관계를 대의하지 않고
직접적으로 관철시키려고 할 때, 갈등은 첨예하게 자신의 모습을
드러내게 마련이다. 이렇게 힘과 힘이 부딪치는 일상의 갈등을
국회라는 '말의 장치'를 통해 적절하게 해소하게 만드는 것이 국가의
역할 중 하나다. 그런데 한국의 국회는 이런 일상의 상황에서 발생한
갈등의 발언들을 수렴하는 것이 아니라, 또 다른 갈등 국면을
만들어 내는 역할을 한다.

무엇보다도 '국회의원'으로 대표되는 정치인들이 국민의 이해관계를

대의하지 않고, 자기들이 소속한 집단의 이해관계에 매달린다. 여성 당직자의 머리채를 휘어잡고 급기야 동료 의원을 주먹으로 가격한 행위를 정당하다고 주장하는 김성회 의원의 태도에서 이를 확인할 수 있다. 국회의원은 개인이라기보다 사회집단의 이해관계를 대의하는 상징이라는 점을 감안한다면, 이런 태도는 상당히 의미심장하다. 말하자면, 이들에게 중요한 것은 '국민'이 아니라 '조직'인 셈이다.

낯선 정치의 귀환

바야흐로 정치가 다시 귀환했다는 소식이 들린다. 서울시장 보궐선거 이후 갑자기 분위기가 바뀌었다. 정치도 모르던 철부지 20대가 민주주의의 주역으로 떠오르고, 성공적 삶을 살아왔던 40대가 집권여당을 떠나기 시작했다. 중간에 끼여서 이리저리 치였던 30대도 미래를 진지하게 고민하는 시민세력으로 급성장하는 중이다.

예전에 보기 힘들었던 정치 패러디물이 넘쳐나고, 트위터를 비롯한 소셜네트워크는 현직 대통령과 정부여당에 대한 조롱과 풍자로 가득 찼다. 정치를 혐오했던 대중이 하루아침에 정치를 사랑하는 기현상이 일어난 것이다. 이렇게 곳곳에서 돌아온 정치의 모습에 감격하는 소리가 드높은 가운데, 몇몇 회의주의자들은 고개를 갸우뚱한다. 도대체 정치가 돌아왔다는데, 왜 쌍용자동차 노조원들은 여전히 죽어가고, 집권 여당이 밀어붙이고 있는 한·미 자유무역협정(FTA) 비준에 왜 야당들은 적절하게 대응하지 못하는 것인지, 사뭇 불편한 의문을 제기하고 있다.

물론 첫술에 배부를 수는 없다고 말하는 이들도 있다. 맞는 말이다. 아무리 시민이 지지해서 만들어낸 서울시장이라고 하지만, 혼자서 모든 현안을 다 책임질 수도 없는 노릇이다. 그러나 이렇게 시간을 두고 바뀔 수 있는 것을 감안하더라도 문제는 단순하지 않다. 오히려 상황은 더 복잡해졌다. 돌아왔다는 정치는 낯설기 그지없는 표정으로 우리 앞에 서 있다. 이것은 그동안 알고 있던 그 정치가 아니다.

시민후보의 출현 자체가 한국사회를 지탱해 왔던 보수주의의 위기를 의미한다. 이 위기는 지난 대선 때부터 잠복해 있었지만, 누구도 여기에 적절하게 대처하지 못했다. 그 결과가 바로 이번 보궐선거에서 목격한 낯선 정치의 모습이다. 이번 서울시장 보궐선거는 분명 정권심판이었다. 그런데 문제는 이런 결과의 수혜자가 야권 단일후보를 배출한 야당과 시민단체로 보이지 않는다는 사실이다.

정당정치가 정치적 요구를 적절하게 재현하지 못하는 현재 국면은 한국의 정치 판세를 더욱 예측 불가능하게 만들고 있다. 정부여당에 대한 반발투표가 이루어졌지만, 이런 표심이 그 반대편에 있는 정당을 지지하지도 않는 구조는 무엇을 의미할까? 특정 정당을 지지하기보다, 오히려 자신들의 구미에 맞는 후보를 직접 호명하는 이 상황을 어떻게 이해해야 할까? 이 모든 것이 바로 1990년대부터 한국사회에 본격적으로 작동하기 시작한 자기계발의 논리와 무관한 것이 아니라고 할 수 있다.

대기업을 통해 도입된 자기계발의 논리는 사회의 기업화와 맞물려서 새로운 도덕의 원리로 자리를 잡았다. 부단한 노력을 통해 개인의 성공을 도모하는 이런 삶의 방식은 좋은 것과 나쁜 것, 옳고 그른 것을 구분하는 가치체계를 송두리째 바꿔놓았다. 무엇보다도 욕망의 대상이 국가나 공동체였다가 가족과 나로 좁혀진 것이 특징이다. 여기에서 중요한 것은 개인의 노력에 대한 정당한 보상이다. 이것을 정의라고 부르는 것이 지금 한국사회이다.

소셜네트워크는 이렇게 바뀐 현실을 극명하게 보여주는 극장이다. 여당이 시장 보궐선거 참패 이후에 소셜네트워크를 활용하라고 '지시'했다지만, 자기 자신을 재현해야 하는 것이 소셜네트워크의 본성이다. 언제나 대중의 요구를 재현하는 존재로 몫을 부여받은 정치인이 소셜네트워크에서 자기 자신을 드러낸다는 것은 쉽지 않은 일이다. 자기 자신을 오롯이 드러내는 정치인은 더 이상 정치인이 아니기 때문이다. 자신의 이해관계를 대변해 줄 정치인보다도, 자신이 따라 배울 수 있는 롤 모델을 지지하는 이런 현상이야말로 향후 한국사회를 뒤흔들 낯선 정치의 실체이다.

에필로그

정치는 몫의 분배를 결정하는 행위이다. 자신의 몫이 부족하다고 여기거나, 박탈당했다고 생각할 때, 우리는 불만을 가질 수밖에 없다. 불만은 부족한 것에 대한 욕망이다. 정치가 욕망의 문제이기에 모든 정치는 99%이다. 1%라는 공백이 있기 때문에 99% 정치가 가능하고, 99%를 배제하는 1%로 인해서 99% 정치가 발생하는 것이다. 99% 정치를 위한 99%의 불만이 터져 나올 때, 그리고 마침내 그 불만이 1%와 99%로 몫을 나누는 정치의 방식을 근본적으로 뒤흔들 때,
우리 사회는 새로운 전환 국면을 맞이할 수 있을 것이다.

이명박 정부 집권 4년 동안 한국 사회의 불만은 최고조에 달했다. 이 불만은 이명박 정부가 사회 상층부 1%만을 위한 정치를 해왔다는 인식 때문이다. 이 인식은 어디에서 오는 것일까? 바로 구체적인 삶의 요구에서 온다. 노동문제라면 먼 산에 난 불이라고 생각했던 이들이 자신의 처지도 크게 다를 것이 없다는 현실을 뼈저리게 깨닫기 시작한 것이 이런 요구의 밑바닥에 깔려 있다. 데모라면 눈살을 찌푸렸던 이들이 너도 나도 희망버스를 타고 부산으로 달려갔다. 자기계발의 논리로 물샐틈없어 보였던 통치성을 넘어선 자기조직화의 승리였다.

희망버스에서 확인할 수 있듯이, 잔잔한 여울에 불과하던 불만이 마침내 분노의 강물을 이루고 있다. 물꼬만 터지면 금방 바다로 흘러들 기세다. 비단 한국 사회만 이런 것이 아니다. 이 상황은 30년간 전 지구적으로 공고하게 유지된 신자유주의 경제패러다임을 바꾸고 있다. 이렇게 기존의 사회구조에 문제의식을 느끼고, 제도의 개선을 요구하는 주장은 분명 의미가 있다. 중요한 점은 이 개선의 요구가 99%를 위한, 그리고 99%에 의한 정치의 문제로 나아가야 한다는 것이다.

의회정치도 중요하지만, 이런 정치로 수렴할 수 없는 다양한 몫의 주장에 귀 기울이는 것이 99% 정치이다. 99%를 위해 1%의 권력을 견제하는 것과 더불어, 완전할 수 없는 정치의 한계를 깨닫고, 그 정치로 포괄할 수 없는 '정치적인 것'에 대한 관심의 끈을 늦추지 않는 것이 바로 99% 정치이다. 99% 정치라는 표현에 담겨 있는 다층적인 의미만큼이나 정치는 복잡다단하다는 사실을 인정하는 것이 중요하겠다. 대안을 요구하고 다른 정치인을 지지하는 것에 그치지 않고, 자기 자신의 의견을 주장하는 것이 바로 민주주의일 것이다. 나의 민주주의가 소중하다면 남의 민주주의도 소중하다는 합의는 더 많은 민주주의를 위한 조건이다. "민주주의의 악을 치유할 수 있는 방법은 더 많은 민주주의밖에 없다"는 H. L. 멩켄의 교훈이 여전히 유효한 까닭이다.

정치의 근원을 이해하기 위해
읽어볼 만한 철학책들

장 자크 루소,《인간불평등기원론》. 주경복 역. 책세상.

존 스튜어트 밀,《자유론》. 김형철 역. 서광사.

존 로크,《통치론》. 강정인 외 역. 까치.

한나 아렌트,《과거와 미래사이》. 서유경 역. 푸른숲.

찰스 테일러,《불안한 현대사회》. 송영배 역. 이학사.

로버트 노직,《아나키에서 유토피아로》. 남경희 역. 문학과 지성사.

마이클 왈저,《정치철학에세이》. 최흥주 역. 모티브북.

존 롤즈,《사회정의론》. 황경식 역. 서광사.

로널드 드워킨,《자유주의적 평등》. 염수균 역. 한길사.

아마티야 센,《불평등의 재검토》. 이상호 외 역. 한울.

미셸 푸코,《안전, 영토, 인구》. 심세광 역. 난장.

에티엔 발리바르,《대중들의 공포》. 최원 외 역. 도서출판 b.

자크 랑시에르,《민주주의는 왜 증오의 대상인가》. 허경 역. 인간사랑.

삶을 복원하는 방식
99% 정치

이택광 지음

초판 1쇄 인쇄 2012년 2월 5일
초판 1쇄 발행 2012년 2월 10일

발행처: 도서출판 마티
출판등록: 2005년 4월 13일
등록번호: 제2005-22호
발행인: 정희경
편집: 이창연
마케팅: 오주형
디자인: 땡스북스 스튜디오

주소: 서울시 마포구 서교동 481-13번지 2층 (121-839)
전화: (02) 333-3110
팩스: (02) 333-3169
이메일: matibook@naver.com
블로그: http://blog.naver.com/matibook
트위터: http://twitter.com/matibook

SIBN 978-89-92053-54-9 (03300)

값 12,000원